Il manuale di

ISTRUZIONE FINANZIARIA

Basi finanziarie e Strategie per imparare a gestire, risparmiare e investire denaro.

Guida agli investimenti.

Come fare soldi e progettare un futuro migliore!

by Lincoln Harley

SOMMARIO

Premessa

Immagina di essere seduto su una spiaggia in una giornata calda e assolata, circondato dall'acqua cristallina del mare e dal suono rilassante delle onde. Ti sei finalmente preso una pausa dalla tua vita quotidiana impegnativa e ti stai godendo la tranquillità del momento.

Ma poi, guardando in giro, ti accorgi di un gruppo di ragazzi che sembrano molto più felici di te. Sono giovani, belli e indossano vestiti alla moda. Sono seduti su comode sedie a sdraio, sorseggiano cocktail colorati e parlano animatamente tra di loro.

La maggior parte delle persone inizierebbe ad essere invidiosa. Personalmente definisco l'invidia come "la malattia dell'epoca dei social". Mai nella storia dell'uomo l'invidia ha raggiunto picchi così alti: la corsa spasmodica al far vedere, ad esaltare il falso per nascondere le proprie mancanze e i propri problemi è un sollievo temporaneo che in realtà contribuisce ad accrescere ulteriormente questo senso di invidia collettiva. Guardando questi ragazzi che si godono la vita senza problemi, la maggior parte delle persone si chiederebbe come abbiano fatto a permettersi tutto questo. Sono forse dei milionari o degli eredi di ricche famiglie? O forse hanno vinto alla lotteria?

Tu, no! Tu non te lo chiedi perché conosci il principale segreto alla base dell'educazione finanziaria. Mentre loro sembrano spendere soldi senza preoccupazioni, tu stai cercando di risparmiare ogni centesimo. Stai evitando di sperperare e ti godi ciò che hai al limite delle tue possibilità, senza eccedere in spese folli. Sai bene che non è il momento di apparire mostrando ciò che non sei ma è il momento di godere con ciò che hai per crearti un future raggiante. Solo allora potrai anche decider di apparire, ma mostrerai ciò che realmente sarai senza dover ricorrere a indossare la maschera della falsità. Tu sai bene che la vera differenza tra te e quelli agazzi che sembrano goderi la vita è una sola: il risparmio. La tua predisposizione mentale non è quella di goderti il poco che hai subito ma far sì che tu possa godere molto di più in futuro gettando oggi delle solide fondamenta dove si reggerà la tua ricchezza economica.

Il risparmio è alla base della ricchezza. Nessuno può diventare ricco se non conosce le basi del risparmio. Risparmiare significa spendere meno di quanto si guadagna, ma anche evitare gli sprechi, pianificare per il futuro e investire in modo intelligente. Il risparmio è un'abitudine che può essere appresa e coltivata nel tempo, ed è uno dei pilastri fondamentali dell'istruzione finanziaria.

In questo libro, scoprirai come creare un bilancio personale, tenere traccia delle spese, risparmiare denaro e pianificare per il futuro. Imparerai anche come investire in modo intelligente, gestire il debito e migliorare il credito. Inoltre, esploreremo l'importanza dell'istruzione finanziaria per gli imprenditori e come le competenze finanziarie possono essere utilizzate per avviare e gestire un'attività imprenditoriale in modo efficace. Ma ricorda, alla base di tutto ciò c'è il risparmio. Non importa quanto guadagni, se non risparmi non potrai mai raggiungere la libertà finanziaria e la felicità. Quindi, prendi il controllo delle tue finanze e inizia a risparmiare oggi stesso. In questo libro, ti mostreremo come farlo.

L'istruzione finanziaria è una delle competenze più importanti che una persona può avere nella vita. Tuttavia, molte persone non hanno le conoscenze finanziarie necessarie per prendere decisioni finanziarie informate. Questo libro ha lo scopo di fornire una base solida per l'istruzione finanziaria, aiutando i lettori a comprendere i concetti finanziari fondamentali e come applicarli nella propria vita.

In questo libro, scoprirai come creare un bilancio personale, risparmiare denaro, investire in modo intelligente e pianificare per il futuro. Imparerai anche come gestire il debito, migliorare il credito e evitare le trappole finanziarie. Inoltre, questo libro esplorerà l'importanza dell'istruzione finanziaria per gli imprenditori e come le competenze finanziarie possono essere utilizzate per avviare e gestire un'attività imprenditoriale in modo efficace. Ma perché è così importante l'istruzione finanziaria? In primo luogo, una solida base di conoscenze finanziarie può aiutare a prendere decisioni finanziarie informate, evitare le truffe finanziarie e proteggere il proprio patrimonio. In secondo luogo, l'istruzione finanziaria può aiutare a raggiungere gli obiettivi finanziari a lungo termine, come la pensione e la sicurezza finanziaria a lungo termine. In terzo luogo, le competenze finanziarie possono essere utilizzate per avviare e gestire un'attività imprenditoriale in modo efficace, aiutando a creare posti di lavoro e contribuendo alla crescita economica. Tuttavia, non tutte le persone hanno avuto l'opportunità di acquisire le conoscenze finanziarie necessarie. Molte scuole non insegnano le competenze finanziarie fondamentali, e alcune persone possono sentirsi intimidite o confusi dai termini finanziari complessi. Questo libro ha lo scopo di rendere l'istruzione finanziaria accessibile e comprensibile per tutti.

L'istruzione finanziaria è un percorso di apprendimento continuo. Anche coloro che hanno già una solida base di conoscenze finanziarie possono continuare ad imparare e migliorare le proprie competenze finanziarie. Questo libro fornirà ai lettori gli strumenti e le conoscenze necessarie per prendere decisioni finanziarie informate e creare una vita finanziaria stabile e felice. L'istruzione finanziaria è una competenza importante per tutti. Questo libro fornisce una solida base di conoscenze finanziarie e aiuterà i lettori a comprendere come applicare queste conoscenze nella propria vita quotidiana. Speriamo che questo libro sia utile per coloro che desiderano migliorare le proprie competenze finanziarie e raggiungere una vita finanziaria stabile e felice.

Parte 1: Introduzione all'istruzione finanziaria

Il risparmio: la base della libertà finanziaria

Risparmiare è la chiave per una vita finanziaria sana e felice. Ma quanto si dovrebbe risparmiare ogni mese? E come si fa a risparmiare in modo efficace? In questo primo capitolo, esploreremo le percentuali consigliate per il risparmio mensile, i modi per gestire i propri risparmi e i suggerimenti per creare una solida base finanziaria.

Prima di tutto, quanto si dovrebbe risparmiare ogni mese? Gli esperti finanziari suggeriscono di risparmiare almeno il 20% delle proprie entrate mensili. Quindi, se guadagni mille al mese, dovresti risparmiare 200 euro ogni mese. Se questo ti sembra troppo, puoi iniziare con il 10% e aumentare gradualmente la percentuale con il passare del tempo.

Una volta che hai deciso la percentuale che vuoi risparmiare, il passo successivo è trovare il modo giusto per gestire i tuoi risparmi. Un modo efficace è quello di creare un fondo di emergenza. Questo fondo dovrebbe contenere almeno sei mesi di spese necessarie per coprire le tue spese essenziali, come il cibo, l'affitto, le bollette e il trasporto. In questo modo, se perdi il lavoro o hai una spesa imprevista, hai un fondo di riserva su cui attingere senza dover vendere i tuoi beni o indebitarti.

Una volta creato il tuo fondo di emergenza, puoi iniziare ad investire i tuoi risparmi in strumenti finanziari, come conti di risparmio ad alto rendimento o fondi comuni di investimento. Tuttavia, ricorda che i tuoi risparmi sono una parte importante della tua vita finanziaria e non dovresti toccarli a meno che non sia assolutamente necessario.

Pianificare per un future roseo dovrebbe essere il primo pensiero di qualsiasi persona. Infatti, sebbene il fondo di emergenza sia un primo passo importante, è determinante pensare a lungo termine. Ad esempio, potresti pianificare per la pensione aprendo un conto pensionistico o investendo in un fondo pensione. Ciò ti aiuterà ad avere una maggiore tranquillità finanziaria quando raggiungerai l'età pensionabile.

Il risparmio è una parte importante dell'istruzione finanziaria ed è la base della tua libertà finanziaria, lo strumento che può aiutarti a raggiungere i tuoi obiettivi finanziari e godere di una vita finanziaria stabile e felice.

Che cos'è l'istruzione finanziaria e perché è importante

Definizione di istruzione finanziaria

L'istruzione finanziaria è un insieme di conoscenze e competenze che permettono alle persone di gestire il proprio denaro in modo efficace e di prendere decisioni finanziarie informate. In altre parole, si tratta di acquisire le conoscenze necessarie per gestire le proprie finanze in modo intelligente e per creare una vita finanziaria stabile e felice. L'istruzione finanziaria comprende molte competenze diverse, tra cui la gestione del denaro, la pianificazione finanziaria, l'investimento, la gestione del debito e la protezione del patrimonio. Queste competenze sono importanti perché aiutano le persone a prendere decisioni finanziarie informate e a raggiungere i propri obiettivi finanziari.

L'importanza dell'istruzione finanziaria

L'istruzione finanziaria è una competenza fondamentale per la gestione del denaro e il raggiungimento di una stabilità finanziaria. Possedere una buona istruzione finanziaria è importante in quanto può consentire alle persone di prendere decisioni consapevoli sulle loro finanze, evitare il debito e proteggere il proprio patrimonio. In questo capitolo, esploreremo le ragioni per cui l'istruzione finanziaria è importante e come può influenzare la qualità della vita delle persone.

Uno dei motivi principali per cui l'istruzione finanziaria è importante è perché aiuta le persone a gestire il proprio denaro in modo efficace. Con una buona istruzione finanziaria, le persone sono in grado di creare un budget, monitorare le loro spese e prendere decisioni finanziarie informate. Inoltre, possono imparare a risparmiare, investire in modo intelligente e pianificare per il futuro, come la pensione o l'acquisto di una casa.

Inoltre, l'istruzione finanziaria può aiutare le persone a evitare il debito. Capire come funziona il debito, quali sono i tassi di interesse e come funziona il rimborso, è essenziale per evitare di trovarsi in una situazione di debito incontrollabile. Con un'istruzione finanziaria adeguata, le persone possono anche imparare a gestire il loro debito in modo efficace e a ridurlo.

Un'altra ragione per cui l'istruzione finanziaria è importante è perché aiuta le persone a proteggere il loro patrimonio. Comprendere i rischi finanziari, come gli investimenti a rischio e le truffe finanziarie, è fondamentale per proteggere il proprio patrimonio. Inoltre, l'istruzione finanziaria può aiutare le persone a scegliere le assicurazioni giuste per proteggere i loro beni e il loro reddito.

L'istruzione finanziaria aiuta le persone a prendere decisioni finanziarie informate. Senza le competenze finanziarie necessarie, le persone possono facilmente cadere in trappole finanziarie, indebitarsi o subire truffe finanziarie. Inoltre, l'istruzione finanziaria consente di raggiungere gli obiettivi finanziari a lungo termine, come la pensione o la sicurezza finanziaria a lungo termine.

Molte scuole non insegnano le competenze finanziarie fondamentali, e alcune persone possono sentirsi intimidite o confusi dai termini finanziari complessi. Tuttavia, l'istruzione finanziaria è una competenza che può essere appresa e migliorata nel tempo. Ci sono molte risorse disponibili, tra cui libri, corsi online e consulenti finanziari, che possono aiutare le persone ad acquisire le competenze finanziarie necessarie.

È possible dunque asserire che l'istruzione finanziaria è un insieme di conoscenze e competenze che consentono alle persone di gestire il proprio denaro in modo efficace e di prendere decisioni finanziarie informate. La gestione del denaro, la pianificazione finanziaria, l'investimento, la gestione del debito e la protezione del patrimonio sono tutte competenze importanti dell'istruzione finanziaria. L'acquisizione di queste competenze è importante per proteggere il proprio patrimonio e raggiungere gli obiettivi finanziari a lungo termine. Sebbene molte scuole non insegnino queste competenze, esistono molte risorse disponibili per aiutare le persone ad acquisire le competenze finanziarie necessarie. È importante sottolineare che l'istruzione finanziaria non riguarda solo le persone con grandi patrimoni o che cercano di diventare ricche, ma è una competenza utile per chiunque desideri creare una vita finanziaria stabile e felice.

L'istruzione finanziaria può migliorare la qualità della vita delle persone. Possedere una buona istruzione finanziaria può aiutare le persone a raggiungere i propri obiettivi finanziari, come l'acquisto di una casa o il pensionamento anticipato. Inoltre, può consentire alle persone di vivere con meno stress finanziario e di godere di una maggiore libertà finanziaria. Ciò significa che possono fare scelte più consapevoli sulla propria vita e avere la capacità di investire in se stessi e nella loro crescita personale.

Confronto tra persone con e senza istruzione finanziaria

Il livello di istruzione finanziaria di una persona può fare una grande differenza nel modo in cui gestisce il proprio denaro e prende decisioni finanziarie. Le persone con una buona istruzione finanziaria possono fare scelte più consapevoli sulla gestione del denaro e sulle opportunità di investimento, mentre coloro che non hanno queste competenze possono trovarsi in difficoltà finanziarie.

Ad esempio, una persona che ha una buona istruzione finanziaria potrebbe essere in grado di risparmiare denaro per la pensione e investire in modo intelligente, creando un portafoglio di investimenti diversificato che le consente di raggiungere i propri obiettivi finanziari a lungo termine. D'altra parte, una persona che non ha una buona istruzione finanziaria potrebbe accumulare debiti a causa di cattive decisioni finanziarie, come ad esempio acquistare beni di lusso a credito o non rimborsare le rate del debito in modo tempestivo.

Le persone con una buona istruzione finanziaria hanno anche una maggiore comprensione dei rischi finanziari e sanno come proteggere il proprio patrimonio. Ad esempio, possono scegliere le giuste polizze assicurative per proteggere i loro beni e il loro reddito e comprendere gli investimenti a rischio, evitando truffe finanziarie o investimenti poco sicuri.

D'altra parte, le persone senza una buona istruzione finanziaria possono essere più suscettibili di subire truffe finanziarie o di fare investimenti rischiosi. Possono anche trovarsi in difficoltà finanziarie a causa di una mancanza di conoscenza sulla gestione del debito o sulla pianificazione finanziaria.

Le persone con una buona istruzione finanziaria possono avere una maggiore stabilità finanziaria e una maggiore libertà finanziaria. Possono prendere decisioni più consapevoli sul lavoro e sulla carriera, sapendo quanto denaro devono risparmiare per raggiungere i loro obiettivi finanziari. D'altra parte, le persone senza una buona istruzione finanziaria possono trovarsi costrette a lavorare in posti che non soddisfano le loro esigenze finanziarie o a vivere al di sopra delle loro possibilità, accumulando debiti e preoccupazioni finanziarie.

Quindi l'istruzione finanziaria è importante perché può fare una grande differenza nel modo in cui le persone gestiscono il proprio denaro e prendono decisioni finanziarie. Le persone con una buona istruzione finanziaria sono più in grado di gestire il proprio denaro in modo efficace, proteggere il proprio patrimonio e raggiungere i propri obiettivi finanziari a lungo termine. D'altra parte, le persone senza una buona istruzione finanziaria possono trovarsi in difficoltà finanziarie a causa di cattive decisioni finanziarie o mancanza di conoscenza sulla gestione del denaro e degli investimenti.

La gestione del denaro

La gestione del denaro è un'abilità fondamentale dell'istruzione finanziaria. Consiste nel comprendere le spese, creare un bilancio e monitorare le entrate e le uscite. Una buona gestione del denaro può aiutare le persone a evitare il debito, a risparmiare denaro e a raggiungere i propri obiettivi finanziari.

La creazione di un bilancio è un passo importante nella gestione del denaro. Questo significa identificare tutte le fonti di entrate e tutte le spese e confrontare il totale delle entrate con il totale delle spese. In questo modo, le persone possono capire dove va il loro denaro e dove possono fare dei tagli. È importante creare un bilancio realistico e flessibile che possa essere adattato a cambiamenti nelle entrate o nelle spese.

Monitorare le entrate e le uscite è un altro passo importante nella gestione del denaro. Ciò significa tenere traccia di tutte le transazioni finanziarie, dal denaro speso per il cibo al pagamento dell'affitto o del mutuo. Esistono molti strumenti disponibili per monitorare le entrate e le uscite, come le applicazioni per smartphone o i software di bilancio.

La pianificazione finanziaria è un'altra abilità importante nella gestione del denaro. Consiste nel guardare al futuro e creare un piano per raggiungere gli obiettivi finanziari a lungo termine. Questo può includere la pianificazione per la pensione, l'acquisto di una casa o la creazione di un fondo di emergenza. La pianificazione finanziaria richiede anche di essere consapevoli dei rischi finanziari e di creare una strategia per proteggere il proprio patrimonio.

Infine, è importante essere consapevoli delle spese e capire dove si può tagliare. Questo può significare ridurre le spese per le uscite o cercare di ottenere uno sconto su un servizio o un prodotto. Inoltre, è importante evitare di fare acquisti impulsivi e di considerare attentamente ogni acquisto.

Investimenti

L'investimento è un'altra abilità importante dell'istruzione finanziaria. Si tratta di capire i diversi tipi di investimenti e di scegliere quelli che meglio si adattano alle proprie esigenze e ai propri obiettivi finanziari. Gli investimenti possono includere azioni, obbligazioni, fondi comuni di investimento, beni immobili e molto altro ancora.

Una delle prime cose da considerare quando si investe è il proprio orizzonte temporale. Ciò significa considerare quanto tempo si ha a disposizione per raggiungere un obiettivo finanziario specifico. Ad esempio, se si sta investendo per la pensione, si potrebbe avere un orizzonte temporale di 20-30 anni, mentre se si sta investendo per un viaggio, l'orizzonte temporale potrebbe essere molto più breve.

Un altro fattore importante da considerare quando si investe è il proprio livello di rischio. Gli investimenti a rischio elevato potrebbero avere un potenziale di rendimento più elevato, ma comportano anche un rischio maggiore di perdita di capitale. D'altra parte, gli investimenti a basso rischio potrebbero avere un rendimento più basso, ma comportano anche un rischio minore di perdita di capitale.

Inoltre, è importante diversificare il proprio portafoglio di investimenti. Ciò significa investire in diversi tipi di attività per ridurre il rischio di perdita di capitale. Ad esempio, invece di investire tutto il proprio denaro in azioni di una singola azienda, si potrebbe investire in un fondo comune di investimento che detiene azioni di molte aziende diverse.

La gestione del debito riguarda la comprensione del debito, il pagamento delle rate e la riduzione del debito. Quando si prende in prestito denaro, è importante capire i termini del prestito, come il tasso di interesse e le condizioni di rimborso. Inoltre, è importante fare il possibile per evitare il debito superfluo e pagare le rate in modo tempestivo per evitare interessi e altre spese.

È dunque fondamentale capire i diversi tipi di investimenti, l'orizzonte temporale, il proprio livello di rischio, diversificare il proprio portafoglio di investimenti per ridurre il rischio di perdita di capitale.

La gestione del debito è un'altra abilità importante dell'istruzione finanziaria. Ciò significa capire i termini del prestito, pagare le rate in modo tempestivo e fare il possibile per evitare il debito superfluo.

La protezione del partimonio

La protezione del patrimonio è un'ulteriore competenza dell'istruzione finanziaria che implica la comprensione dei rischi finanziari e l'adozione delle misure necessarie per proteggere il proprio patrimonio. I rischi finanziari possono essere causati da eventi imprevisti come malattie, incidenti, perdite di lavoro, disastri naturali, e molte altre situazioni che possono portare alla perdita di entrate o all'aumento delle spese.

Una delle prime cose da considerare nella protezione del patrimonio è l'assicurazione. L'assicurazione può proteggere le persone da eventi imprevisti e aiutarle a coprire le spese associate. Ad esempio, un'assicurazione sulla casa può proteggere i proprietari da danni causati da incendi, alluvioni, terremoti e altri eventi catastrofici. Un'assicurazione sulla vita può proteggere la famiglia di una persona in caso di morte prematura. L'assicurazione sanitaria può coprire le spese mediche in caso di malattia o incidente.

Inoltre, è importante essere consapevoli dei rischi finanziari e adottare misure per proteggere il proprio patrimonio. Ciò significa creare un fondo di emergenza che possa coprire le spese inaspettate, come le spese mediche o la riparazione dell'auto. Un fondo di emergenza dovrebbe avere almeno tre-sei mesi di spese in contanti.

Altra azione da compiere è quella di proteggere il proprio patrimonio attraverso la diversificazione degli investimenti. Ciò significa investire in diversi tipi di attività e non mettere tutti i propri soldi in un unico investimento. In questo modo, si può ridurre il rischio di perdita di capitale.

Rispetto al passato, il sistema di interconnessione che tanti vantaggi ci porta, crea anche degli evidentissimi problemi: bisogna essere consapevoli anche dei rischi legati alla privacy e alla sicurezza informatica. Ciò significa adottare misure per proteggere le informazioni personali e finanziarie, come l'utilizzo di password complesse, l'aggiornamento regolare del software antivirus e l'adozione di altre misure di sicurezza informatica.

La protezione del patrimonio è quindi un'ulteriore competenza dell'istruzione finanziaria che implica la comprensione dei rischi finanziari e l'adozione delle misure necessarie per proteggere il proprio patrimonio. Questo può includere l'assicurazione, la creazione di un fondo di emergenza, la diversificazione degli investimenti e la protezione della privacy e della sicurezza informatica.

Impatto dell'istruzione finanziaria sulla società

L'istruzione finanziaria ha un impatto significativo sulla società e sulla sua stabilità economica. Una popolazione istruita finanziariamente è meno suscettibile alla povertà e all'insicurezza finanziaria, il che porta a una maggiore stabilità economica e sociale. Ciò può contribuire a creare una società più equa, dove tutti hanno la possibilità di avere successo e di raggiungere i propri obiettivi finanziari.

Inoltre, l'istruzione finanziaria può aiutare a ridurre il divario tra ricchi e poveri. Quando le persone sono in grado di gestire il proprio denaro in modo efficace, possono risparmiare, investire e creare ricchezza nel tempo. Questo a sua volta può contribuire a ridurre la disuguaglianza economica e promuovere una maggiore equità economica nella società.

L'istruzione finanziaria è anche determinante per le persone che desiderano diventare imprenditori di successo. Quando le persone comprendono come funziona il denaro, possono creare e gestire le proprie imprese in modo efficace. Ciò può contribuire a creare nuovi posti di lavoro e promuovere la crescita economica nella società. L'istruzione finanziaria può promuovere una maggiore partecipazione alla vita economica e politica della società. Quando le persone comprendono il funzionamento dell'economia e del sistema finanziario, possono partecipare in modo più consapevole alla vita economica e politica della società. Ciò può contribuire a promuovere una maggiore partecipazione alla vita pubblica e a creare una società più consapevole e informata.

Quindi quando si parla di necessità di istruzione finanziaria non ci si riferisce solamente al singolo individuo ma alla collettività perché questa ha un impatto significativo sulla società e sulla sua stabilità economica. Promuove una maggiore equità economica, la creazione di nuovi posti di lavoro e la partecipazione consapevole alla vita pubblica. L'istruzione finanziaria è quindi un'importante competenza per tutti i cittadini, in quanto consente loro di gestire il proprio denaro in modo efficace e di raggiungere i propri obiettivi finanziari, contribuendo così alla stabilità e alla prosperità della società nel suo insieme.

I benefici dell'istruzione finanziaria

Maggiore stabilità finanziaria

Una delle principali ragioni per cui l'istruzione finanziaria è così importante è che può aiutare le persone a raggiungere una maggiore stabilità finanziaria. Quando le persone comprendono le basi della finanza personale e degli investimenti, possono prendere decisioni finanziarie informate e minimizzare i rischi finanziari. Questo a sua volta può prevenire problemi finanziari come il debito e l'insicurezza finanziaria.

Una buona conoscenza delle finanze personali può aiutare le persone ad evitare il debito. Con una buona comprensione dei budget, delle entrate e delle uscite, le persone possono evitare di spendere più di quanto guadagnano e accumulare debiti. Inoltre, una conoscenza dei diversi tipi di debito e dei relativi tassi di interesse può aiutare le persone a scegliere la forma di finanziamento più conveniente e ad evitare di cadere in trappole finanziarie.

L'istruzione finanziaria può anche aiutare a prevenire l'insicurezza finanziaria. Quando le persone hanno una conoscenza delle finanze personali e degli investimenti, possono prendere decisioni finanziarie informate e prevedere le spese impreviste. Inoltre, la comprensione dei diversi tipi di investimenti e dei relativi rischi può aiutare le persone a creare portafogli diversificati e a minimizzare i rischi di perdita di denaro. L'istruzione finanziaria può aiutare le persone a raggiungere i loro obiettivi finanziari a lungo termine. Con una buona pianificazione finanziaria, le persone possono creare un piano per raggiungere i loro obiettivi finanziari, come la pensione o l'acquisto di una casa. La comprensione dei diversi tipi di investimenti e dei relativi rendimenti può aiutare le persone a scegliere gli investimenti giusti per raggiungere i loro obiettivi finanziari.

Miglior gestione del denaro

L'istruzione finanziaria è fondamentale per gestire meglio il proprio denaro. Quando le persone hanno una buona conoscenza delle finanze personali, possono imparare a creare un budget accurato che tiene conto delle loro entrate e delle loro uscite. Un budget ben strutturato può aiutare le persone a monitorare le proprie spese e ad evitare di spendere più di quanto guadagnano. Inoltre, un budget può aiutare le persone a risparmiare denaro per le emergenze e per gli investimenti.

Una buona conoscenza delle finanze personali può anche aiutare le persone a utilizzare strumenti finanziari come le carte di credito e i prestiti in modo efficace. Quando le persone comprendono i tassi di interesse e le conseguenze delle rate mancate, possono evitare di accumulare debiti elevati. Ad esempio, possono scegliere carte di credito con tassi di interesse più bassi e ridurre i loro debiti accumulati attraverso un piano di rimborso.

Essere consapevoli aiuta le persone a risparmiare denaro. Con una buona conoscenza degli investimenti, le persone possono identificare le opportunità di investimento che meglio si adattano alle loro esigenze e ai loro obiettivi finanziari. Ad esempio, possono scegliere di investire in fondi comuni di investimento o in azioni, che possono offrire rendimenti più elevati rispetto ai conti di risparmio tradizionali. Inoltre, la comprensione delle tasse e delle agevolazioni fiscali può aiutare le persone a massimizzare i loro risparmi e a ridurre il loro carico fiscale.

Grazie alla conoscenza le persone possono prepararsi per gli imprevisti. Ad esempio, possono creare un fondo di emergenza per affrontare eventuali spese impreviste, come una perdita di lavoro o un'urgenza medica. Inoltre, possono creare un piano per il futuro che tenga conto dei loro obiettivi finanziari a lungo termine, come la pensione o l'acquisto di una casa.

In sintesi, l'istruzione finanziaria è fondamentale per gestire meglio il proprio denaro. Le persone possono imparare a creare un budget accurato, a monitorare le proprie spese e a risparmiare denaro per le emergenze e per gli investimenti. Inoltre, possono imparare a utilizzare strumenti finanziari come le carte di credito e i prestiti in modo efficace, evitando di accumulare debiti elevati. Infine, la comprensione degli investimenti e delle tasse può aiutare le persone a massimizzare i loro risparmi e a ridurre il loro carico fiscale.

Investimenti più intelligenti

Un aspetto fondamentale dell'istruzione finanziaria riguarda la capacità di investire in modo intelligente. Investire i propri soldi può rappresentare una scommessa azzardata se non si conoscono bene i meccanismi dei mercati finanziari, e una persona inesperta può commettere errori costosi. Tuttavia, con una buona istruzione finanziaria, le persone possono imparare a investire in modo più intelligente, identificando opportunità redditizie e minimizzando i rischi associati agli investimenti.

- Le persone istruite finanziariamente comprendono i diversi tipi di investimenti e le loro caratteristiche. Ad esempio, possono comprendere la differenza tra azioni, obbligazioni e fondi comuni di investimento, e come questi strumenti finanziari funzionano. Ciò significa che possono fare scelte informate su quali investimenti sono più adatti alle loro esigenze e ai loro obiettivi finanziari.
- Le persone istruite finanziariamente possono imparare a gestire il proprio portafoglio di investimenti in modo efficace. Ciò significa che possono diversificare le loro attività, investendo in una serie di strumenti finanziari che riducono il rischio di perdita. Inoltre, possono monitorare le performance dei loro investimenti, comprendendo quando è il momento di acquistare o vendere.
- L'istruzione finanziaria può anche aiutare le persone a minimizzare i rischi associati agli investimenti. Ad esempio, possono apprendere a utilizzare gli strumenti finanziari come i contratti di opzione e i futures, che consentono di mitigare il rischio di perdita su investimenti specifici. Inoltre, possono imparare a evitare gli investimenti ad alto rischio, come quelli che promettono ritorni elevati ma che sono troppo volatili per essere affidabili.

In definitiva, una buona istruzione finanziaria può aiutare le persone a investire in modo più intelligente, minimizzando i rischi e massimizzando i rendimenti. Questo può portare a una maggiore stabilità finanziaria e una maggiore sicurezza economica a lungo termine.

Maggiore sicurezza per il futuro

L'istruzione finanziaria può aiutare le persone a prepararsi per il futuro in modo più efficace e ad affrontare le sfide finanziarie che si presentano lungo il percorso della vita. Una delle principali ragioni per cui l'istruzione finanziaria è importante è che può aiutare a creare una base finanziaria solida per il futuro, offrendo una maggiore sicurezza finanziaria a lungo termine.

La pensione è uno dei principali obiettivi finanziari che le persone cercano di raggiungere nella loro vita. L'istruzione finanziaria può aiutare le persone a pianificare la propria pensione in modo efficace, capendo come funzionano i sistemi pensionistici, i prodotti finanziari a lungo termine e la gestione delle risorse finanziarie. Inoltre, possono imparare a creare un piano pensionistico che si adatta alle loro esigenze finanziarie individuali.

Le persone istruite possono investire in modo più intelligente e a lungo termine. Ciò significa che possono identificare prodotti finanziari redditizi e diversificare il loro portafoglio di investimenti in modo da ottenere un rendimento stabile e sicuro nel tempo. Inoltre, l'istruzione finanziaria può aiutare le persone a capire il valore dell'investimento a lungo termine e a resistere alla tentazione di investire in prodotti finanziari rischiosi e non adatti alle loro esigenze.

La creazione di un fondo di emergenza è un'altra abilità finanziaria importante per il futuro. L'istruzione finanziaria può aiutare le persone a creare un fondo di emergenza che copra almeno 3-6 mesi di spese, offrendo una maggiore sicurezza finanziaria in caso di imprevisti come la perdita del lavoro o problemi di salute. Inoltre, l'istruzione finanziaria può aiutare le persone a capire l'importanza dell'assicurazione, fornendo una maggiore protezione finanziaria per il futuro.

Imparare a pianificare la pensione, investire in modo intelligente e creare un fondo di emergenza sono solo alcune delle abilità finanziarie che possono aiutare a raggiungere una maggiore stabilità finanziaria e una maggiore tranquillità d'animo nel lungo termine.

Maggiore fiducia finanziaria

L'istruzione finanziaria aiuta le persone, oltre che a gestire meglio il proprio denaro, anche avere un impatto positivo sulla loro fiducia finanziaria. Quando le persone hanno una buona conoscenza delle finanze personali, possono prendere decisioni finanziarie informate e ragionevoli. Questo può portare a un senso di sicurezza finanziaria e fiducia nelle proprie capacità finanziarie, indipendentemente dalla loro situazione economica attuale. Una maggiore fiducia finanziaria ha inoltre un effetto positivo sulla salute mentale e sul benessere. Quando le persone si sentono sicure delle loro capacità finanziarie, possono ridurre lo stress e l'ansia associati alle preoccupazioni finanziarie. Inoltre, possono sentirsi più sicure nel prendere decisioni finanziarie, che a loro volta possono portare a maggiore stabilità finanziaria e benessere.

La fiducia finanziaria può anche aiutare le persone a sviluppare una maggiore autonomia finanziaria. Quando le persone si sentono sicure delle loro capacità finanziarie, possono prendere decisioni finanziarie autonome e indipendenti, senza dover fare affidamento su consulenti finanziari o altri professionisti. Questo può essere molto gratificante e liberatorio, in quanto le persone possono gestire le proprie finanze in modo efficace e senza stress. Inoltre, quando le persone si sentono sicure delle loro capacità finanziarie, possono prendere decisioni finanziarie responsabili e ben ponderate. Ciò significa che sono meno suscettibili a decisioni finanziarie imprudenti e possono evitare di accumulare debiti elevati o di investire in prodotti finanziari rischiosi.

Quando si è in fiducia risulta più facile raggiungere i propri obiettivi finanziari a lungo termine. Quando le persone si sentono sicure delle loro capacità finanziarie, possono creare piani finanziari realistici e raggiungibili. Questo può portare a una maggiore stabilità finanziaria e ad un futuro finanziario più sicuro e gratificante.

I pericoli di una scarsa istruzione finanziaria

Accumulo di debiti

La scarsa istruzione finanziaria può portare a una serie di problemi economici, tra cui l'accumulo di debiti elevati. Senza una conoscenza adeguata delle finanze personali, molte persone possono trovarsi a vivere al di sopra delle proprie possibilità, accumulando debiti eccessivi e finendo in situazioni finanziarie difficili. Ci sono diversi fattori che possono contribuire all'accumulo di debiti, tra cui la mancanza di una pianificazione finanziaria adeguata, la mancanza di un budget e la mancanza di una comprensione dei diversi tipi di debito. Ad esempio, molte persone possono accumulare debiti a causa di prestiti personali o di carte di credito con tassi di interesse elevati, senza rendersi conto delle conseguenze a lungo termine di queste decisioni finanziarie.

Inoltre, l'accumulo di debiti può causare ulteriori problemi finanziari, come il deterioramento del credito, la difficoltà nel pagare le bollette e l'insicurezza finanziaria. Le persone che si trovano in questa situazione possono trovarsi in una spirale di debito difficile da uscire.

Una scarsa istruzione finanziaria può anche portare a una mancanza di comprensione dei diversi tipi di debito. Ad esempio, molte persone potrebbero non essere in grado di distinguere tra debiti buoni e debiti cattivi. I debiti buoni, come i prestiti per l'acquisto di una casa o per l'istruzione, possono essere vantaggiosi a lungo termine, mentre i debiti cattivi, come quelli associati alle carte di credito, possono portare a problemi finanziari.

Dunque, per evitare uno scenario economicamente disastroso, è importante acquisire una conoscenza adeguata delle finanze personali e dei diversi tipi di debito, sviluppare abitudini finanziarie sane e prendere decisioni finanziarie informate e responsabili.

Difficoltà a gestire le spese quotidiane

Questo aspetto deriva sia da una propensione mentale errata che da una situazione di ignoranza. Una persona senza istruzione finanziaria non può risparmiare o comunque, nel lungo periodo, tende a spendere anche quel poco che con fatica mentale era riuscita a mettere da parte. Questo atteggiamento porta all'indebitamento costante. Mutui, rate, prestiti non sono mai un problema finché non iniziano a pesare sulla quotidianità. Conosci persone che potrebbero vivere in complete tranquillità economica e che invece spendono costantemente I propri averi in beni anche non necessari? Ti assicuro che ne è pieno il mondo di persone insoddisfatte economicamente ma che potrebbero vivere in modo più che sereno. Ci sono persone che appena hanno la possibilità effettuano l'acquisto, senza pensare ad organizzare il proprio future: non vedono oltre il domani. Ma questa è anche una predisposizione mentale. La gestione delle spese quotidiane è una competenza fondamentale dell'istruzione finanziaria. Senza una comprensione adeguata delle finanze personali, le persone possono trovarsi costantemente in difficoltà finanziarie, incapaci di gestire le loro spese quotidiane. Ciò può portare a una serie di problemi, tra cui l'accumulo di debiti, le difficoltà nel pagare le bollette e il mancato soddisfacimento delle esigenze di base.

Una scarsa istruzione finanziaria può portare a cattive abitudini di spesa. Le persone che non hanno una buona comprensione dei loro soldi possono trovarsi a vivere al di sopra delle loro possibilità, spendendo più di quanto guadagnano e accumulando debiti inutili. Ignorare questo argomento porta a non avere una buona comprensione delle priorità di spesa, spendendo i loro soldi su cose che non sono essenziali, come cibi costosi o vestiti di marca, e trascurando le spese importanti, come l'affitto, le bollette o il pagamento dei debiti.

Le difficoltà nella gestione delle spese quotidiane possono anche portare a problemi di liquidità. Se le persone non hanno una buona comprensione delle loro spese, possono trovarsi costantemente a corto di denaro, incapaci di affrontare le spese urgenti o impreviste. Ciò può portare a situazioni di stress e di ansia, poiché le persone si preoccupano costantemente di non avere abbastanza denaro per soddisfare le loro esigenze di base. Ma c'è di più. La scarsa gestione delle spese quotidiane può anche portare a un aumento del debito. Se le persone non hanno una buona comprensione del loro bilancio, possono trovare difficile pagare i loro debiti, finendo per accumulare interessi e tasse di ritardo. Ciò può portare a un aumento del debito nel tempo, rendendo sempre più difficile per le persone uscire dalla spirale del debito.

In sintesi, una buona istruzione finanziaria è essenziale per la gestione delle spese quotidiane. Senza una buona comprensione delle finanze personali, le persone possono trovarsi in difficoltà finanziarie, incapaci di gestire le loro spese quotidiane e finendo per accumulare debiti e tasse di ritardo. Per evitare questi problemi, è importante investire tempo ed energia nell'apprendimento delle basi della gestione del denaro, imparando a creare un budget, a monitorare le spese e a sviluppare una strategia finanziaria a lungo termine.

Incapacità di risparmiare per il future

L'incapacità di risparmiare per il futuro è uno dei maggiori rischi di una scarsa istruzione finanziaria. Senza una conoscenza adeguata delle finanze personali e dell'importanza del risparmio, molte persone possono trovarsi in difficoltà finanziarie quando si avvicina la pensione o quando si verificano situazioni impreviste. Una delle ragioni per cui le persone potrebbero non essere in grado di risparmiare per il futuro è che non comprendono i concetti di budget e risparmio. Potrebbero vivere al di sopra delle loro possibilità, spendendo più di quanto guadagnano e accumulando debiti inutili. Inoltre, potrebbero non avere una comprensione completa delle spese a cui devono far fronte, come le bollette, l'affitto e il cibo. Questo può portare a una gestione finanziaria disordinata e ad un'incapacità di risparmiare per il futuro.

Un'altra ragione per cui le persone potrebbero non essere in grado di risparmiare per il futuro è che non hanno un piano finanziario a lungo termine. Senza una pianificazione finanziaria, le persone potrebbero non avere un obiettivo chiaro per il futuro, come una casa o la pensione, e non sapere come raggiungerlo. Questo può portare ad una mancanza di motivazione per risparmiare denaro e una scarsa gestione delle finanze personali.

In questo genere di individui c'è evidentemente una mancanza di consapevolezza sui prodotti finanziari a lungo termine, come i fondi pensione. Le persone potrebbero non sapere come funzionano questi prodotti o come scegliere il miglior prodotto per le loro esigenze. Ciò significa che potrebbero non essere in grado di investire in modo efficace per il loro futuro finanziario. Una scarsa istruzione finanziaria può anche portare a cattive decisioni finanziarie che possono avere un impatto negativo sul futuro finanziario delle persone. Ad esempio, le persone potrebbero decidere di liquidare il loro fondo pensione per affrontare le spese correnti o potrebbero prendere in prestito denaro ad interessi elevati per soddisfare le loro esigenze di base. Queste decisioni possono avere un impatto negativo sulla loro capacità di risparmiare per il futuro e sulla loro stabilità finanziaria a lungo termine.

Dunque, senza una comprensione adeguata delle finanze personali e dell'importanza del risparmio, le persone possono trovarsi in difficoltà finanziarie quando si avvicina la pensione o quando si verificano situazioni impreviste.

Mancanza di conoscenza sugli investimenti

Una scarsa istruzione finanziaria può avere conseguenze negative sulle decisioni di investimento e sulla gestione del portafoglio. La mancanza di conoscenza può portare a investimenti rischiosi e a perdite finanziarie, impedendo alle persone di raggiungere i propri obiettivi finanziari.

Molte persone senza un'adeguata istruzione finanziaria possono cadere nella trappola di investimenti rischiosi e poco chiari. Ad esempio, potrebbero investire in prodotti finanziari che non comprendono o che non sono in grado di valutare in modo adeguato. Senza una comprensione completa degli investimenti, le persone possono anche non essere in grado di valutare i rischi associati ai diversi prodotti finanziari. Ciò può portare a perdite finanziarie significative.

La mancanza di conoscenza sugli investimenti può impedire alle persone di gestire efficacemente il proprio portafoglio di investimenti. Potrebbero non comprendere come diversificare e come minimizzare i rischi associati agli investimenti. Ciò può portare a un portafoglio squilibrato che può comportare perdite finanziarie a lungo termine. Una scarsa conoscenza può impedire alle persone di identificare le opportunità di investimento redditizie. Potrebbero non essere in grado di distinguere tra un investimento sicuro e uno rischioso, impedendo loro di sfruttare le opportunità di crescita e guadagno.

In sintesi, investimenti rischiosi e una cattiva gestione del portafoglio possono comportare perdite finanziarie significative, impedendo alle persone di costruire la stabilità finanziaria a lungo termine. Per questo motivo, è fondamentale avere un'adeguata istruzione finanziaria per gestire in modo efficace i propri investimenti e raggiungere i propri obiettivi finanziari.

Maggior rischio di truffe finanziarie

Una scarsa istruzione finanziaria può mettere le persone a rischio di truffe finanziarie, poiché non hanno le conoscenze necessarie per identificare le opportunità di investimento reali dalle truffe. Le truffe finanziarie possono essere molto sofisticate e allettanti, proponendo rendimenti elevati e promettendo guadagni facili. Tuttavia, molte di queste offerte sono troppo belle per essere vere e possono portare le persone a perdere ingenti somme di denaro.

Le truffe finanziarie possono assumere molte forme, come i cosiddetti schemi a piramide o le frodi di investimento. In un schema a piramide, le persone investono in una società o in un prodotto, sperando di ottenere guadagni elevati. Tuttavia, il denaro degli investitori viene utilizzato per pagare i guadagni dei primi investitori e il sistema collassa una volta che non ci sono più nuovi investitori. In una frode di investimento, le persone sono convinte a investire in un prodotto o una società che promette rendimenti elevati, ma che in realtà non ha una base solida e finisce per fallire.

Le persone con una scarsa istruzione finanziaria possono essere più vulnerabili a queste truffe perché non hanno le competenze necessarie per identificare i segnali di allarme di una truffa finanziaria. Inoltre, possono non avere le conoscenze finanziarie per valutare l'affidabilità di una società o di un prodotto finanziario.

Le truffe finanziarie, oltre ad essere dannose dal punto di vista finanziario, lo sono anche dal punto di vista emotivo. Le persone che cadono vittime di queste truffe possono sentirsi sciocche e ingannate, e possono anche subire danni psicologici a lungo termine. In questo modo perdono oltre al loro denaro anche la loro fiducia nella possibilità di ottenere guadagni finanziari.

Per evitare le truffe finanziarie, è importante che le persone sviluppino una buona istruzione finanziaria e acquisiscano le competenze necessarie per identificare le opportunità di investimento reali dalle truffe. Le persone dovrebbero essere caute rispetto alle offerte troppo belle per essere vere, fare ricerche approfondite sulle società e sui prodotti finanziari prima di investire e cercare sempre l'aiuto di un professionista finanziario qualificato.

L'ignoranza in materia di gestione del denaro può mettere le persone a rischio di truffe finanziarie. Per evitare queste truffe, è importante sviluppare una buona conoscenza delle finanze personali e acquisire le competenze necessarie per identificare le opportunità di investimento reali dalle truffe. Le persone dovrebbero essere sempre caute rispetto alle offerte troppo belle per essere vere e cercare sempre l'aiuto di un professionista finanziario qualificato.

In questo libro apprenderai le basi dell'istruzione finanziaria ma prima di fare qualsiasi passo è sempre bene agire in uno dei due modi seguenti:

1. Specializzarsi in ciò che si desidera fare
2. Rivolgersi ad un esparto del settore

L'idea di base di questo libro è darti gli strumenti per poterti districare in questa giungla molto fitta ed iniziare a comprendere l'atteggiamento da avere nei confronti del denaro, il significato degli investimenti e soprattutto capire in modo sommario quale potrebbe essere la migliore strada per te per poi poterla approfondire in modo più semplice.

Mentalità finanziaria

La mentalità finanziaria delle persone è l'unità di misura della capacità che hanno di gestire il denaro. Questo aspetto è talmente importante che, ad esempio, è un fattore chiave che può influire sulla loro capacità di gestire grandi somme di denaro come quelle vinte in una lotteria. Le persone che hanno una mentalità orientata al consumo tendono a spendere più di quanto guadagnano, non hanno il controllo delle loro finanze e non hanno abitudini di risparmio. Questi comportamenti possono portare a problemi finanziari, anche in caso di grosse vincite.

È la mentalità finanziaria che crea le buone o le cattive abitudini e queste ultime, come ad esempio la dipendenza dal gioco d'azzardo o la mancanza di pianificazione finanziaria, possono avere un impatto negativo sulla situazione economica di una persona. Se una persona che ha queste abitudini vince una grossa somma di denaro, potrebbe essere tentata di spendere in modo irresponsabile o di utilizzare i soldi per soddisfare la propria dipendenza, conducendolo verso alla povertà.

La mentalità povera può anche avere un impatto sulla gestione del denaro. Le persone che provengono da contesti economicamente svantaggiati potrebbero avere un atteggiamento di scarsità e una mentalità limitante, che può portarle a spendere in modo impulsive e a non pianificare per il futuro. Questi comportamenti possono portare a problemi finanziari anche in caso di grosse vincite. Uno studio recente sulle persone che hanno vinto alla lotteria enormi quantità di denaro ha doimostrato come l'87% delle persone, quasi 9 persone su 10, dopo aver vinto tornano nel giro di pochi anni alla loro precedente condizione finanziaria. Approfondire l'aspetto della mentalità vincente è un'azione che consiglio sempre perché alla base di qualsiasi comportamento umano c'è la predisposizione mentale che può essere costruita e/o modificata nel tempo. Questo libro è dedicato alla formazione base sui principi dell'educazione finanziaria. Quindi, per chi volesse studiare l'argomento o ritiene sia necessario per sé una sorta di riprogrammazione delle cattive abitudini, consiglio il libro del collega italiano Ivan De Sanctis "**Mindset**".

Parte 2: Fondamenti di finanza personale

Come creare un bilancio personale e tenere traccia delle spese

Definizione di bilancio personale

Iniziamo ad addentrarci nella parte tecnica con una semplice definizione. Il bilancio personale è uno strumento fondamentale per chiunque voglia avere una buona gestione delle proprie finanze. In sintesi, il bilancio personale è un documento che riporta tutte le entrate e le uscite di denaro di una persona o di una famiglia in un determinato periodo di tempo, solitamente mensile o annuale. L'obiettivo principale del bilancio personale è quello di tenere traccia delle spese e delle entrate e di fornire un quadro chiaro e completo delle proprie finanze.

Un bilancio personale ben fatto può aiutare ad individuare le spese superflue e a individuare aree in cui è possibile risparmiare denaro. Inoltre, il bilancio personale può aiutare a pianificare il budget e a stabilire obiettivi finanziari a lungo termine, come l'acquisto di una casa o il risparmio per la pensione.

Per creare un bilancio personale, la prima cosa da fare è registrare tutte le entrate di denaro, come lo stipendio, i guadagni da attività secondarie o i contributi ricevuti. Successivamente, è necessario registrare tutte le uscite di denaro, come le spese per l'affitto, i pagamenti delle bollette, i costi per il cibo e le bevande, le spese per il trasporto, gli abbonamenti e le uscite di svago.

Una volta che si sono registrate tutte le entrate e le uscite, è possibile calcolare il saldo del bilancio, ovvero la differenza tra le entrate e le uscite. Se il saldo è positivo, significa che ci sono più entrate che uscite e quindi si sta risparmiando denaro. Se il saldo è negativo, significa che ci sono più uscite che entrate e quindi si sta spendendo più di quanto si guadagna.

Raccolta delle informazioni finanziarie

Il bilancio personale è uno strumento fondamentale per avere un controllo preciso delle finanze personali. In sostanza, il bilancio personale è un elenco dettagliato di tutte le entrate e le uscite di denaro in un determinato periodo di tempo, di solito un mese. Grazie al bilancio personale, è possibile conoscere con precisione l'ammontare dei guadagni, delle spese e risparmiare denaro in modo efficace.

Molte persone non tengono traccia delle proprie spese e finiscono per accumulare debiti o spendere più di quanto guadagnano, causando problemi finanziari. Tuttavia, con un bilancio personale accurato, è possibile evitare queste situazioni spiacevoli. Inoltre, il bilancio personale aiuta a capire dove vengono spesi i soldi, a individuare eventuali spese superflue e ad eliminare le abitudini che portano a uno spreco di denaro.

Per creare un bilancio personale efficace, è necessario registrare tutte le entrate e le uscite di denaro, senza tralasciare alcun dettaglio. Le entrate includono lo stipendio, il reddito da lavoro autonomo, gli interessi sulle attività finanziarie e altre fonti di reddito. Le uscite comprendono le spese necessarie, come il cibo, l'affitto o il mutuo, le bollette, le spese per la salute, l'abbigliamento e altre spese varie.

Una volta registrate tutte le entrate e le uscite di denaro, è possibile iniziare a creare il bilancio personale. Ci sono diversi modi per farlo: si può utilizzare un programma software, un'applicazione per smartphone, una semplice tabella su Excel o anche una matita e un quaderno. L'importante è che il bilancio personale sia facile da consultare e aggiornare.

Dopo aver creato il bilancio personale, è necessario analizzare i dati e individuare le aree in cui è possibile risparmiare. Ad esempio, se si spende troppo per mangiare fuori, è possibile ridurre la frequenza di queste uscite e preparare i pasti a casa. Se si pagano troppe bollette, si possono cercare alternative più convenienti, come cambiare fornitore di energia elettrica o di gas.

Creare un bilancio personale è dunque un passo fondamentale per gestire efficacemente le finanze personali. Grazie al bilancio personale, è possibile tenere traccia delle entrate e delle uscite di denaro, individuare le aree in cui è possibile risparmiare e pianificare il budget in modo efficace.

Creazione di categorie di spesa

Una volta raccolte tutte le informazioni finanziarie necessarie, è possibile creare categorie di spesa per aiutare ad organizzare il bilancio personale. Le categorie di spesa sono un modo efficace per raggruppare le spese simili e tenerle sotto controllo. Ci sono molte categorie di spesa tra cui scegliere, ma le più comuni includono cibo, bollette, affitto, trasporto, spese di svago e così via. Tuttavia, la scelta delle categorie dipenderà dalle esigenze e dalle priorità individuali.

Una volta decise le categorie, è importante assegnare un budget mensile o settimanale per ogni categoria. Ad esempio, potresti decidere di destinare un massimo di 200 euro al mese per la spesa alimentare. Questo ti aiuterà a tenere traccia delle spese e ad evitare di spendere troppo in una sola categoria a discapito di altre. È bene controllare anche le spese variabili, come quelle di svago e di intrattenimento, che possono cambiare di mese in mese. Se non si riesce a mantenere il controllo di queste spese, si rischia di finire in rosso. È quindi consigliabile pianificare in anticipo e limitare le spese varie a un importo ragionevole.

In alcuni casi, può essere utile creare categorie di risparmio oltre a quelle di spesa. Ad esempio, si può decidere di mettere da parte una somma di denaro ogni mese per un obiettivo a lungo termine, come un viaggio o l'acquisto di una casa. Questo può aiutare a mantenere il focus sui propri obiettivi finanziari e ad evitare di spendere denaro inutilmente.

È importante anche tenere traccia delle spese effettive in ogni categoria e confrontarle con il budget stabilito. In questo modo, si può vedere dove si sta spendendo troppo e dove si può risparmiare di più. Ci sono molte applicazioni e strumenti online gratuiti che possono aiutare a tenere traccia delle spese e ad organizzare il bilancio personale. Bisogna mettersi in mente che il bilancio personale non è qualcosa di fisso e immutabile. È un processo continuo che richiede di essere aggiornato e modificato regolarmente per riflettere i cambiamenti nella situazione finanziaria e nelle priorità personali. Creare un bilancio personale è solo il primo passo verso il controllo delle proprie finanze e il raggiungimento degli obiettivi finanziari a lungo termine.

Inserimento delle informazioni nel foglio di calcolo

Una volta raccolte tutte le informazioni finanziarie e aver creato le categorie di spesa, è fondamentale inserire le informazioni nel foglio di calcolo. Questo può essere fatto utilizzando un semplice foglio di calcolo come Excel o utilizzando un'app per budgeting. La scelta dipende dalle preferenze personali e dalla facilità di utilizzo del programma.

Il primo passo per inserire le informazioni è creare una tabella che contenga le categorie di spesa e di entrate. Le colonne devono includere i dati necessari, ad esempio data, importo, categoria, descrizione e tipo di pagamento. Questo ti consentirà di avere una panoramica completa delle tue finanze e di capire dove stai spendendo di più.

Inserire le informazioni nel foglio di calcolo richiede costanza e attenzione ai dettagli. Assicurati di annotare tutte le tue entrate e le tue spese, anche le più piccole. In questo modo potrai avere una visione completa e precisa della tua situazione finanziaria. Per semplificare l'inserimento dei dati, puoi utilizzare la funzione di copia-incolla per le informazioni ripetute, come ad esempio l'affitto o la bolletta della luce che vengono addebitati ogni mese. Inoltre, puoi utilizzare la funzione di formattazione condizionale per evidenziare le spese che superano una certa soglia o quelle che rientrano in una particolare categoria. Una volta inserite tutte le informazioni, è importante mantenere il foglio di calcolo aggiornato. Monitora le tue spese e le tue entrate regolarmente, ad esempio ogni settimana o ogni mese, per capire se stai rispettando il budget e per apportare eventuali correzioni.

L'inserimento delle informazioni nel foglio di calcolo è un passaggio cruciale per la creazione del bilancio personale. È importante dedicare tempo e attenzione ai dettagli per avere una visione completa e precisa della tua situazione finanziaria. Una volta creato il bilancio personale, è fondamentale mantenerlo aggiornato e monitorare regolarmente le tue spese e le tue entrate per capire se stai rispettando il budget e per apportare eventuali correzioni.

Monitoraggio delle spese

Una volta creato il bilancio personale, è importante monitorare le spese regolarmente. Ciò significa che dovresti controllare il tuo bilancio ogni settimana o ogni mese, aggiornando le informazioni e tenendo traccia delle spese effettive rispetto al budget previsto.

Identificazione delle aree di risparmio

Identificare le aree di risparmio è un passo fondamentale per migliorare la propria situazione finanziaria. Infatti, spesso ci sono alcune abitudini o spese che si ripetono senza che ci si renda conto dell'impatto che hanno sul nostro budget. Monitorando regolarmente le proprie spese, è possibile individuare queste aree di risparmio e trovare modi per ridurre le spese e risparmiare denaro.

Una delle prime cose da fare per identificare le aree di risparmio è guardare attentamente le spese ricorrenti. Ad esempio, si può verificare quanto si sta spendendo ogni mese per l'affitto, le bollette, il cibo, il trasporto e altre spese fisse. In questo modo, è possibile avere un'idea chiara di quanto si sta spendendo e capire se c'è spazio per ridurre le spese in una o più categorie. Un'altra strategia per identificare le aree di risparmio è quella di analizzare le spese variabili. Queste sono spese che cambiano di mese in mese, come ad esempio i costi di svago, l'abbigliamento, i regali e così via. Queste spese possono essere difficili da monitorare, ma con un po' di attenzione e costanza è possibile individuare le aree in cui si sta spendendo di più del necessario.

Una volta identificate le aree di risparmio, è importante trovare modi per ridurre le spese in modo significativo. Ad esempio, se si spende troppo per il cibo, si potrebbe provare a cucinare a casa invece di mangiare fuori o cercare offerte sui prodotti alimentari. Se si spende troppo per il trasporto, si potrebbe considerare l'opzione di usare i mezzi pubblici invece della propria auto o di camminare di più. Inoltre, esistono molte altre strategie per risparmiare denaro e ridurre le spese. Ad esempio, si potrebbe cercare di negoziare le bollette con i fornitori, eliminare le spese superflue come abbonamenti a servizi che non si utilizzano o cercare modi per guadagnare denaro extra, come lavori part-time o vendita di oggetti inutilizzati.

Adattamento del bilancio alle esigenze cambianti

Adattare il tuo bilancio personale alle tue esigenze cambianti è un aspetto cruciale della gestione finanziaria. La vita è imprevedibile e ci sono molte cose che possono influenzare le tue finanze, come la perdita del lavoro, le spese mediche inattese o le riparazioni dell'auto. Per questo motivo, è importante essere flessibili e adattare il tuo bilancio in modo da far fronte alle esigenze impreviste.

Ci sono molte strategie che puoi utilizzare per adattare il tuo bilancio personale alle tue esigenze cambianti. Ad esempio, potresti considerare di aumentare la tua fonte di reddito cercando un lavoro a tempo parziale o un secondo lavoro. In alternativa, potresti cercare di ridurre le tue spese tagliando le spese non essenziali o cercando modi per risparmiare denaro su quelle essenziali. Ad esempio, potresti cercare di ridurre le spese di trasporto camminando o usando la bicicletta invece dell'auto. Un'altra strategia utile è quella di creare un fondo di emergenza. Ciò può aiutare a coprire le spese inaspettate senza dover apportare modifiche al tuo bilancio regolare. Ti consigliamo di mettere da parte almeno tre-sei mesi di spese essenziali in un conto di risparmio dedicato. Inoltre, puoi anche considerare di rivalutare le tue priorità finanziarie. Ad esempio, potresti decidere di concentrarti sulla riduzione del debito o sull'investimento per il futuro invece di spendere denaro in spese superflue.

Come risparmiare denaro e creare un fondo di emergenza

Identificazione delle spese superflue

Risparmiare denaro è un aspetto importante della finanza personale, in quanto può aiutarti a raggiungere i tuoi obiettivi finanziari a lungo termine e ad affrontare le eventuali emergenze finanziarie che potresti incontrare. Ma come fare per risparmiare denaro? Il primo passo è identificare le spese superflue. Questo può sembrare ovvio, ma spesso non ci rendiamo conto di quanto denaro stiamo spendendo per cose che non sono essenziali.

Per identificare le spese superflue, il primo passo è guardare attentamente il tuo bilancio personale e trovare le spese che puoi eliminare o ridurre. Ad esempio, potresti decidere di mangiare fuori meno spesso o di eliminare l'abbonamento a una rivista che non leggi più. Potresti anche decidere di tagliare le spese relative ai servizi a cui sei iscritto, come la palestra o lo streaming di film, se non li utilizzi abbastanza spesso per giustificarne il costo. Un altro modo per risparmiare denaro è ridurre le spese per le necessità quotidiane. Ad esempio, potresti acquistare i prodotti alimentari in grandi quantità o in offerta per risparmiare sul costo complessivo della spesa. Inoltre, potresti cercare di ridurre i costi di energia nella tua casa, ad esempio spegnendo le luci quando non sei nella stanza o usando un termostato programmabile per regolare la temperatura. Un'ulteriore strategia per risparmiare denaro è quella di considerare l'opzione di acquistare prodotti di seconda mano. Ci sono molte piattaforme online e negozi che vendono articoli usati in buone condizioni, come mobili, vestiti e attrezzature sportive. Questo può essere un ottimo modo per risparmiare denaro su acquisti costosi senza compromettere la qualità o lo stile. Infine, è importante mettere da parte parte dei soldi risparmiati per creare un fondo di emergenza. Questo fondo può aiutarti a coprire le spese inaspettate, come le riparazioni della casa o le spese mediche, senza dover ricorrere a prestiti o carte di credito. In generale, gli esperti consigliano di avere almeno tre mesi di spese vive nel fondo di emergenza, ma ovviamente, la quantità dipende dalle tue esigenze e dalla tua situazione finanziaria.

Riassumendo:

- identificare le spese superflue

- ridurre le spese per le necessità quotidiane
- considerare l'acquisto di prodotti di seconda mano
- creare un fondo di emergenza

Questi sono tutti modi efficaci per risparmiare denaro e migliorare la tua situazione finanziaria a lungo termine.

Creazione di un piano di risparmio

Creare un piano di risparmio è un passo fondamentale per costruire una solida base finanziaria. Questo piano può essere personalizzato in base alle tue esigenze e alla tua situazione finanziaria. Ad esempio, se sei un lavoratore autonomo, il tuo piano potrebbe essere diverso da quello di un dipendente a tempo pieno.

Il primo passo per creare un piano di risparmio efficace è stabilire un obiettivo di risparmio. Questo può essere un importo fisso che desideri risparmiare ogni mese, oppure una percentuale del tuo reddito. Una volta stabilito l'obiettivo di risparmio, puoi creare un piano di azione per raggiungerlo.

Una delle strategie più comuni per risparmiare denaro è quella di stabilire un budget. Questo significa valutare le tue entrate e le tue spese e trovare le aree in cui puoi tagliare le spese superflue. Ad esempio, potresti decidere di mangiare fuori meno spesso, di eliminare abbonamenti a servizi che non utilizzi più o di acquistare solo ciò di cui hai bisogno. Un'altra strategia utile per risparmiare denaro è quella di automatizzare il processo di risparmio. Ad esempio, puoi impostare un bonifico automatico che trasferisca una somma fissa dal tuo conto corrente al tuo conto di risparmio ogni mese. In questo modo, non dovrai preoccuparti di ricordare di risparmiare ogni mese e vedrai i tuoi risparmi crescere nel tempo. Inoltre, è importante creare un fondo di emergenza. Questo fondo dovrebbe contenere almeno tre-sei mesi di spese vitali, come affitto, bollette e cibo. Questo fondo ti aiuterà a far fronte alle spese inaspettate, come una perdita di lavoro o una riparazione costosa dell'auto.

È bene tenere traccia dei tuoi progressi e regolare il tuo piano di risparmio in base ai cambiamenti nella tua situazione finanziaria. Questo significa valutare regolarmente le tue entrate e le tue spese e apportare eventuali modifiche al tuo piano di risparmio in base alle tue esigenze. Con il tempo, un piano di risparmio efficace ti aiuterà a raggiungere i tuoi obiettivi finanziari e a costruire una solida base finanziaria per il tuo futuro.

Automatizzazione del risparmio

Automatizzare il processo di risparmio è un ottimo modo per semplificare il processo di risparmio e garantire che si risparmi regolarmente senza dover pensare troppo. L'automatizzazione del risparmio è particolarmente utile se hai difficoltà a risparmiare denaro, perché ti costringe a risparmiare prima che i tuoi soldi possano essere spesi per altre cose.

Ci sono diversi modi per automatizzare il risparmio. Ad esempio, puoi impostare un trasferimento automatico dal tuo conto corrente al tuo conto di risparmio ogni volta che ricevi un pagamento. In alternativa, puoi impostare un trasferimento automatico per una certa percentuale del tuo reddito ogni mese. In questo modo, risparmierai denaro regolarmente senza dover pensare troppo al processo. Inoltre, molte banche offrono programmi di risparmio automatico che possono aiutarti a risparmiare denaro senza dover pensarci troppo. Ad esempio, alcune banche ti permettono di impostare un obiettivo di risparmio e ti aiutano a raggiungerlo creando un piano di risparmio automatico che preleva automaticamente una certa somma di denaro dal tuo conto corrente ogni mese e lo deposita nel tuo conto di risparmio.

L'automatizzazione del risparmio non solo semplifica il processo di risparmio, ma ti aiuta anche a costruire un fondo di emergenza. Un fondo di emergenza è una somma di denaro che viene riservata per affrontare spese impreviste, come una riparazione dell'auto o una perdita di lavoro. Avere un fondo di emergenza ti dà la sicurezza finanziaria di sapere che sei in grado di affrontare le spese impreviste senza dover ricorrere al debito.

Creazione di un fondo di emergenza

Creare un fondo di emergenza è uno dei passi fondamentali per garantire una situazione finanziaria stabile e sana. Un fondo di emergenza è un conto bancario a parte, creato appositamente per fronteggiare le spese impreviste. Questo conto dovrebbe contenere almeno tre-sei mesi di spese essenziali, tra cui l'affitto, le bollette, il cibo e le spese mediche. In questo modo, se dovessi perdere il lavoro o incontrare altre emergenze, avrai abbastanza denaro da coprire le spese necessarie per un periodo di tempo ragionevole.

Creare questo "piano B" richiede tempo e pianificazione, ma è un investimento importante nella tua stabilità finanziaria a lungo termine. Per creare un fondo di emergenza, dovrai mettere da parte una somma fissa di denaro ogni mese o destinare una parte del tuo reddito a questo fondo. La quantità di denaro che dovrai risparmiare dipende dalle tue spese mensili e dal tuo reddito, ma l'obiettivo finale dovrebbe essere di avere almeno tre-sei mesi di spese essenziali.

Ci sono alcune cose da considerare quando si creare un fondo di emergenza. In primo luogo, dovresti tenere il tuo fondo di emergenza in un conto bancario separato dal tuo conto corrente. In questo modo, non sarai tentato di spendere il denaro del fondo di emergenza per altre spese non essenziali. In secondo luogo, dovresti tenere il tuo fondo di emergenza in un conto bancario che ti garantisca un certo interesse sui tuoi risparmi, in modo da far crescere il tuo fondo di emergenza col tempo. Per molte persone, la creazione di un fondo di emergenza può sembrare un compito difficile, specialmente se non hai molte entrate. Tuttavia, ci sono molte strategie per risparmiare denaro e creare un fondo di emergenza, anche se hai un reddito limitato. Ad esempio, puoi ridurre le spese superflue, come i pasti fuori o gli abbonamenti a riviste o servizi streaming, e destinare questi risparmi al tuo fondo di emergenza. Inoltre, puoi cercare di aumentare le tue entrate attraverso un lavoro part-time o una seconda attività, e destinare una parte di queste entrate al tuo fondo di emergenza.

Utilizzo di un conto di risparmio ad alto rendimento

L'utilizzo di un conto di risparmio ad alto rendimento può essere un'ottima strategia per massimizzare i tuoi risparmi e raggiungere i tuoi obiettivi finanziari a lungo termine. Questi conti offrono un tasso di interesse superiore rispetto ai conti di risparmio tradizionali, il che significa che puoi guadagnare più denaro sui tuoi risparmi.

In genere, i conti di risparmio ad alto rendimento sono offerti da banche online e fintech, che hanno costi operativi più bassi rispetto alle banche tradizionali e possono quindi offrire tassi di interesse più competitivi. Anche se questi conti non offrono le stesse caratteristiche dei conti correnti tradizionali, come i prelievi immediati, spesso offrono un facile accesso ai tuoi soldi attraverso trasferimenti elettronici gratuiti. È importante notare che i tassi di interesse sui conti di risparmio ad alto rendimento possono fluttuare, quindi è importante monitorare i tassi e scegliere un conto che offre un tasso di interesse competitivo a lungo termine. Inoltre, fai attenzione alle eventuali commissioni e tasse, in quanto queste possono ridurre i tuoi guadagni.

Se sei interessato a utilizzare un conto di risparmio ad alto rendimento, esamina le opzioni disponibili sul mercato e scegli quella che meglio si adatta alle tue esigenze e al tuo stile di vita. Ricorda che l'utilizzo di un conto di risparmio ad alto rendimento è solo una parte della tua strategia di risparmio e investimento, e dovresti sempre valutare le tue opzioni e consultare un professionista finanziario prima di prendere qualsiasi decisione finanziaria importante.

Mantenimento del controllo delle spese

Mantenere il controllo delle spese è un passo importante per assicurarsi di risparmiare denaro e creare un fondo di emergenza. Molti di noi possono sentirsi motivati a risparmiare denaro all'inizio, ma è facile perdere di vista i nostri obiettivi a lungo termine e lasciarci tentare da spese non necessarie.

Avere una comprensione chiara del tuo bilancio personale e delle tue priorità finanziarie è determinante per avere il pieno controllo delle spese. Monitorare regolarmente il tuo bilancio personale è essenziale per identificare le spese che possono essere ridotte o eliminate per risparmiare denaro. Ad esempio, potresti decidere di mangiare fuori meno spesso o di trovare modi per ridurre le spese per i trasporti.

Inoltre, potresti voler adottare alcune abitudini quotidiane che ti aiutino a risparmiare denaro. Ad esempio, potresti portare il pranzo al lavoro anziché mangiare fuori, o limitare l'acquisto di prodotti costosi come il caffè da bar. Piccoli cambiamenti nelle tue abitudini quotidiane possono fare una grande differenza a lungo termine. Mantenere il controllo delle spese non significa necessariamente rinunciare a tutte le attività piacevoli, ma piuttosto trovare un equilibrio tra il divertimento e il risparmio. Ad esempio, potresti decidere di mantenere una quota di spesa mensile per uscite e divertimento, ma cercare di risparmiare in altre aree.

Mantenere il controllo delle spese deve essere un processo continuo. Dovresti monitorare regolarmente il tuo bilancio personale e fare regolarmente tagli alle spese superflue per mantenere i tuoi risparmi su un livello costante. Questo ti aiuterà a mantenere il tuo fondo di emergenza ma anche a raggiungere i tuoi obiettivi finanziari a lungo termine.

Come gestire il debito e migliorare il credito

Conoscenza del proprio debito

La gestione del debito è un aspetto fondamentale della finanza personale. Prima di poter eliminare o ridurre il proprio debito, è importante capire esattamente quanto debito si ha e dove si trovano le fonti del debito. Fare un elenco di tutte le fonti di debito è il primo passo per la gestione del debito. Ciò può includere carte di credito, prestiti studenteschi, prestiti personali, prestiti auto e prestiti ipotecari. Una volta che hai un elenco delle tue fonti di debito, è importante conoscere i tassi di interesse e i termini dei prestiti.

Conoscere i tassi di interesse è importante perché ti consente di valutare quali debiti sono più costosi e di concentrarti su di essi per ridurre il costo complessivo del tuo debito. Ad esempio, se hai un prestito con un tasso di interesse elevato, come un prestito personale, potresti voler concentrarti su di esso per prima cosa, perché pagare interessi elevati può influire negativamente sul tuo budget e sul tuo livello di stress. Inoltre, è importante conoscere i termini dei prestiti, come la durata del prestito, la scadenza del pagamento e la possibilità di pagamenti anticipati senza penalità. Conoscere questi dettagli ti aiuterà a capire quali sono le opzioni migliori per ridurre il tuo debito, ad esempio pagare un prestito con scadenza a breve termine prima di iniziare a pagare un prestito con scadenza a lungo termine.

Una volta che conosci il tuo debito, puoi iniziare a sviluppare un piano per gestirlo. Ciò può includere l'identificazione delle fonti di debito con i tassi di interesse più elevati e la definizione di un piano per ridurre o eliminare questi debiti. Inoltre, puoi considerare l'opzione di consolidare il tuo debito, cioè di trasferire tutti i tuoi debiti in un'unica fonte di debito, come un prestito personale o un trasferimento di saldo su una carta di credito con un tasso di interesse inferiore.

Un'altra parte importante della gestione del debito è la costruzione di un credito positivo. Ciò può essere fatto pagando sempre in tempo tutte le bollette e i debiti e utilizzando le carte di credito in modo responsabile. Evita di utilizzare troppo le tue carte di credito e assicurati di mantenere il tuo saldo utilizzato sotto controllo. Inoltre, è importante controllare regolarmente il tuo rapporto di credito per assicurarti che non ci siano errori o inesattezze che potrebbero influire negativamente sulla tua valutazione del credito.

Prioritizzazione dei debiti

Quando si tratta di gestire il debito, la prioritizzazione è fondamentale. Non tutti i debiti sono uguali, e alcuni possono avere un impatto maggiore sulla tua situazione finanziaria rispetto ad altri. La priorizzazione dei debiti può aiutarti a ridurre il tuo debito complessivo e a migliorare il tuo credito.

Il primo passo per la prioritizzazione dei debiti è di identificare quelli con i tassi di interesse più elevati. Questi debiti richiedono un pagamento maggiore nel tempo a causa degli interessi aggiunti. Se non li paghi rapidamente, potresti finire per pagare più interessi di quanto valga il prestito iniziale. Quindi, se hai debiti con tassi di interesse elevati, dovresti concentrarti su di essi per prima cosa.

La seconda cosa da fare è concentrarsi sui debiti con pagamenti scaduti. Ogni volta che non paghi una rata, il tuo credito viene penalizzato. Inoltre, la tua situazione finanziaria potrebbe diventare più difficile da gestire nel tempo. Quindi, se hai debiti con pagamenti scaduti, dovresti cercare di farli rientrare il prima possibile. È importante sottolineare che, anche se il pagamento dei debiti con tassi di interesse elevati e dei debiti scaduti è fondamentale, dovresti comunque fare almeno il pagamento minimo su tutti i debiti che hai. In questo modo eviterai di incorrere in ulteriori interessi o penalità per pagamenti mancanti.

Una volta che hai deciso quali debiti pagare per primi, dovresti cercare di trovare il modo di effettuare pagamenti aggiuntivi su quei debiti. Ci sono diverse strategie per farlo, come ad esempio pagare di più sulle carte di credito con i tassi di interesse più elevati o cercare di effettuare pagamenti aggiuntivi sui prestiti a pagamento scaduto. Puoi anche considerare la possibilità di consolidare i tuoi debiti, ovvero unificare tutti i tuoi debiti in un unico prestito con un tasso di interesse inferiore.

Bisogna predisporsi mentalmente perchè dopo aver creato un piano di pagamento dei debiti è necessario rimanere fedeli ad esso. Ciò significa che dovresti cercare di pagare i tuoi debiti ogni mese, senza accumulare ulteriori debiti. Potresti dover apportare modifiche al tuo budget o trovare modi per guadagnare denaro extra per farlo, ma alla fine ne varrà la pena. La prioritizzazione dei debiti è un'importante parte della gestione del debito e del miglioramento del tuo credito. Identificando i debiti con tassi di interesse più elevati e i debiti scaduti, e cercando di pagare di più su di essi, puoi ridurre il tuo debito complessivo e migliorare la tua situazione finanziaria a lungo termine.

Creazione di un piano di pagamento

Creare un piano di pagamento è un passo importante per gestire il debito e migliorare il tuo credito. Senza un piano organizzato, potresti avere difficoltà a far fronte ai pagamenti e potresti finire per accumulare ancora più debiti.

Il primo passo per creare un piano di pagamento è identificare il denaro che hai a disposizione per pagare i debiti. Guarda attentamente il tuo bilancio personale e identifica quanto denaro puoi dedicare ai pagamenti del debito ogni mese. Potrebbe essere necessario fare dei tagli alle spese o cercare di aumentare il tuo reddito per avere più denaro da dedicare ai pagamenti. Una volta che hai identificato il denaro che puoi dedicare ai pagamenti del debito, puoi stabilire un calendario di pagamento. Ciò significa decidere quando farai i pagamenti e per quanto denaro. È importante che tu mantenga un calendario costante di pagamenti per evitare di cadere in ritardo con i pagamenti e pagare le multe per pagamenti in ritardo.

Quando crei il tuo piano di pagamento, assicurati di considerare i debiti prioritari. Ad esempio, potresti decidere di concentrarti sui debiti con i tassi di interesse più elevati o sui debiti con i pagamenti scaduti. Tieni presente che i debiti con tassi di interesse più elevati aumenteranno più rapidamente, quindi è importante concentrarsi su di essi per ridurre il debito complessivo. Inoltre, potresti considerare di consolidare il tuo debito in un prestito a basso interesse per semplificare i pagamenti e ridurre i tassi di interesse complessivi. Ciò significa che prenderai un prestito per coprire tutti i tuoi debiti esistenti e poi farai un solo pagamento ogni mese. Ciò ti consentirà di gestire il tuo debito in modo più efficiente e di ridurre i tassi di interesse complessivi.

Ricorda che è importante mantenere il controllo del tuo debito e monitorarlo regolarmente. Ciò significa che dovresti continuare a monitorare il tuo bilancio personale e fare regolarmente dei tagli alle spese superflue per mantenere i tuoi pagamenti del debito su un livello costante. Mantenendo il controllo del tuo debito e seguendo il tuo piano di pagamento, potrai gestire il tuo debito in modo efficace e migliorare il tuo credito nel tempo.

Considerazione della consolidazione del debito

La consolidazione del debito è una soluzione comune per coloro che si trovano a dover gestire diversi debiti con interessi elevati. Con la consolidazione del debito, prendi un prestito unico per coprire tutti i debiti esistenti e poi fai un unico pagamento ogni mese con un tasso di interesse più basso. Ci sono diversi vantaggi nella consolidazione del debito. Innanzitutto, puoi ridurre i pagamenti mensili complessivi, il che può liberare denaro per altri usi o permetterti di risparmiare di più. Inoltre, consolidare il debito può semplificare la gestione dei pagamenti, in quanto dovrai fare solo un unico pagamento ogni mese.

Tuttavia, ci sono anche alcune considerazioni importanti da fare quando si tratta di consolidare il debito. Ad esempio, se scegli di consolidare il debito con un prestito garantito, come un prestito personale o una linea di credito su casa, devi essere consapevole del rischio di perdere l'asset usato come garanzia se non riesci a pagare il prestito. Inoltre, se scegli di consolidare il debito con un prestito non garantito, come un prestito personale non garantito, potresti avere un tasso di interesse più elevato rispetto a quello che avresti ottenuto con un prestito garantito.

Quando si considera la consolidazione del debito, è importante fare attenzione alle offerte pubblicitarie che sembrano troppo buone per essere vere. Ad esempio, le aziende che promettono di eliminare il debito o di ridurlo drasticamente potrebbero essere truffe. È importante fare la ricerca su ogni azienda prima di impegnarsi con loro.

In sintesi, la consolidazione del debito può essere un'opzione vantaggiosa per coloro che desiderano semplificare i pagamenti del debito e ridurre il tasso di interesse complessivo. Tuttavia, è importante fare attenzione alle considerazioni e alle offerte pubblicitarie prima di impegnarsi in questa soluzione. Inoltre, è importante lavorare per evitare il debito in futuro e mantenere una buona gestione finanziaria.

Utilizzo della negoziazione per ridurre il debito

La negoziazione con i creditori può essere una strategia utile per ridurre il debito e stabilire un piano di pagamento più conveniente. Ci sono diverse situazioni in cui potresti considerare la negoziazione del debito. Ad esempio, potresti avere difficoltà a pagare i debiti a causa di un calo del reddito o di spese impreviste, o potresti aver accumulato un debito elevato a causa di una serie di fattori. In entrambi i casi, la negoziazione del debito potrebbe aiutarti a ridurre il debito e a stabilire un piano di pagamento più conveniente.

Il primo passo per la negoziazione del debito è parlare con il tuo creditore. Spesso, i creditori sono disposti a lavorare con i debitori per ridurre il debito o stabilire un piano di pagamento più conveniente. Ad esempio, potrebbero essere disposti a ridurre il tasso di interesse sui prestiti o ad accettare pagamenti rateali più bassi per un periodo di tempo limitato.

Prima di parlare con il tuo creditore, è importante fare un'analisi approfondita del tuo debito. Dovresti avere un'idea chiara di quanto devi e dei tassi di interesse e dei termini dei prestiti. Inoltre, dovresti avere un piano di pagamento in mente, che includa quanto denaro puoi dedicare ai pagamenti del debito ogni mese e un calendario di pagamento.

Durante la negoziazione, dovresti essere aperto e onesto con il tuo creditore. Spiega la tua situazione e chiedi se ci sono opzioni disponibili per ridurre il debito o stabilire un piano di pagamento più conveniente. Sii anche preparato a fare un'offerta di pagamento, come una somma forfettaria per saldare il debito in un'unica soluzione o un piano di pagamento a rate più basso. Se il tuo creditore accetta una riduzione del debito o un piano di pagamento più conveniente, assicurati di ottenere la conferma per iscritto. In questo modo, avrai una prova tangibile degli accordi raggiunti e potrai riferirti ad essi in futuro, se necessario.

La negoziazione del debito può essere un'opzione utile per ridurre il debito e stabilire un piano di pagamento più conveniente ma è bene fare un'analisi approfondita del tuo debito e avere un piano di pagamento in mente prima di parlare con il tuo creditore.

Monitoraggio del proprio credito

Il credito è un elemento fondamentale della finanza personale, e mantenere un buon credito può essere importante per ottenere prestiti, carte di credito e altre forme di finanziamento. Per monitorare il proprio credito, è possibile richiedere una copia gratuita del proprio rapporto di credito a una delle tre agenzie di credito principali: Equifax, Experian e TransUnion (sono agenzie di credito che operano principalmente negli Stati Uniti, ma anche in altri paesi come il Regno Unito e il Canada. Tuttavia, questi servizi potrebbero non essere disponibili per i cittadini italiani, in quanto l'Italia ha il proprio sistema di credito e agenzie di valutazione del credito, come la Centrale dei Rischi della Banca d'Italia e la SIC). Se sei un cittadino italiano e hai bisogno di controllare il tuo credito, puoi richiedere una copia gratuita del tuo rapporto di credito alla Centrale dei Rischi della Banca d'Italia. Inoltre, è possibile utilizzare servizi online di monitoraggio del credito che si basano sui dati dei provider di informazioni creditizie italiani, come CRIF e Cerved. Tuttavia, è importante verificare la reputazione e l'affidabilità di tali servizi prima di utilizzarli.

Una volta ottenuta la copia del rapporto di credito, è importante controllare i propri dati personali e verificare che siano corretti. Se ci sono errori, è possibile richiedere la correzione dell'informazione presso l'agenzia di credito. È anche importante verificare la cronologia dei pagamenti, in quanto i pagamenti in ritardo possono avere un impatto negativo sul punteggio di credito. Inoltre, è possibile controllare le richieste di credito effettuate, in quanto un gran numero di richieste di credito in un breve periodo di tempo può influire negativamente sul punteggio di credito. Una volta identificati eventuali problemi, è importante lavorare per risolverli. Ad esempio, se ci sono errori nel rapporto di credito, è possibile richiedere la correzione dell'informazione. Se si hanno pagamenti in ritardo, è importante cercare di effettuare i pagamenti il più presto possibile e iniziare a fare pagamenti puntuali in futuro.

Per migliorare il proprio credito, è anche possibile considerare l'utilizzo di una carta di credito in modo responsabile. Ciò significa utilizzare la carta di credito solo per gli acquisti che si possono permettere e pagare il saldo completo ogni mese per evitare interessi e pagamenti in ritardo. Inoltre, è possibile utilizzare solo una piccola percentuale del limite di credito della carta, poiché un alto utilizzo del limite di credito può influire negativamente sul punteggio di credito. È importante essere consapevoli del fatto che il miglioramento del credito richiede tempo e impegno. Ci possono volere mesi o addirittura anni per migliorare il proprio punteggio di credito, ma mantenere un atteggiamento positivo e continuare a fare progressi verso questo obiettivo può essere estremamente gratificante.

Mantenimento di un buon punteggio di credito

Mantenere un buon punteggio di credito è essenziale per le finanze personali sane e il futuro finanziario. Il tuo punteggio di credito è un indicatore della tua affidabilità finanziaria per i creditori, i potenziali datori di lavoro e persino per gli affittuari. Tuttavia, può essere facile cadere in cattive abitudini finanziarie e compromettere il tuo punteggio di credito.

Uno dei modi più importanti per mantenere un buon punteggio di credito è pagare le bollette puntualmente. Questo è il fattore più importante che influenza il tuo punteggio di credito. Pagare in ritardo può causare un impatto negativo sul tuo punteggio di credito e il ritardo di un solo giorno può avere conseguenze negative. Assicurati di programmare i pagamenti in modo da non dimenticare di pagare in tempo e considera l'opzione di impostare avvisi di pagamento automatici. Un altro modo per mantenere un buon punteggio di credito è evitare di utilizzare troppo le carte di credito. Sebbene le carte di credito possano essere utili per costruire il tuo punteggio di credito, utilizzarle troppo spesso e mantenere un saldo elevato può danneggiare il tuo punteggio. L'obiettivo dovrebbe essere quello di mantenere il tuo saldo di carta di credito sotto il 30% del tuo limite di credito. Inoltre, evita di aprire troppi nuovi conti di credito contemporaneamente, poiché questo può indicare ai creditori che stai cercando di accedere a un eccesso di credito e questo potrebbe essere un segnale di rischio.

Oltre a questi consigli, utilizzare il tuo credito in modo responsabile è essenziale per mantenere un buon punteggio di credito. Ciò significa limitare il tuo debito e mantenere un buon rapporto tra debito e reddito. In altre parole, assicurati di non utilizzare il credito per acquistare beni di lusso o per fare acquisti che non puoi permetterti. Tieni d'occhio il tuo rapporto di credito e il tuo punteggio di credito regolarmente. Ciò ti permetterà di identificare eventuali errori o problemi e di lavorare per risolverli. Se noti eventuali errori, dovresti contattare il credit bureau per richiederne la correzione.

Come scegliere e utilizzare un conto bancario

Conoscenza dei tipi di conto

La scelta di un conto bancario è un passo importante nella gestione delle proprie finanze personali. Prima di aprire un conto, è importante conoscere i diversi tipi di conto che sono disponibili. In questo modo, puoi selezionare quello che meglio si adatta alle tue esigenze finanziarie.

Il conto corrente è il tipo di conto più comune e viene utilizzato per le transazioni quotidiane, come pagamenti di bollette e acquisti con carte di debito. I conti correnti sono spesso forniti con un pacchetto di servizi bancari, come un bancomat e un servizio di internet banking. Questi conti possono essere gratuiti o a pagamento, a seconda delle condizioni dell'istituto bancario.

I conti di risparmio sono progettati per i risparmi a breve termine e sono solitamente utilizzati per creare un fondo di emergenza o per risparmiare per un obiettivo a breve termine, come una vacanza. I tassi di interesse sui conti di risparmio sono generalmente più elevati rispetto ai conti correnti, il che significa che puoi guadagnare più denaro sui tuoi risparmi. Tuttavia, spesso ci sono limiti sui prelievi o sui depositi, il che potrebbe rendere difficile accedere rapidamente ai tuoi risparmi. Inoltre sono studiati per investire il denaro a lungo termine. Questi conti possono includere azioni, obbligazioni, fondi comuni di investimento e altri strumenti finanziari. L'obiettivo dei conti di investimento è di guadagnare un ritorno sul denaro investito, anche se c'è sempre il rischio di perdita. I conti di investimento richiedono di solito un deposito iniziale e una quota annuale per la gestione.

Una volta che hai identificato il tipo di conto bancario più adatto alle tue esigenze, è importante leggere attentamente i termini e le condizioni del conto. Ciò include la ricerca sui tassi di interesse, le commissioni bancarie, le penalità per il superamento dei limiti di prelievo e altri dettagli importanti. Inoltre, dovresti prendere in considerazione la sicurezza del tuo denaro, scegliendo un istituto bancario affidabile e assicurato. Dopo aver aperto il conto, è importante utilizzarlo in modo responsabile. Ciò significa evitare di accettare offerte di credito inutili, evitare di utilizzare il conto per acquisti impulsivi e mantenere un saldo positivo. Inoltre, è importante monitorare regolarmente il conto e verificare ogni transazione per evitare frodi o errori.

Identificazione delle esigenze finanziarie personali

Quando si sceglie un conto bancario, è importante identificare le proprie esigenze finanziarie personali. Questo passaggio può sembrare ovvio, ma è fondamentale per scegliere il conto giusto e sfruttarlo al massimo.

La prima cosa da considerare è l'uso previsto del conto. Se si prevede di utilizzare il conto per le spese quotidiane, come i pagamenti delle bollette, gli acquisti e i prelievi, un conto corrente può essere la scelta migliore. Questo tipo di conto solitamente offre la possibilità di prelevare denaro in qualsiasi momento e di emettere assegni per pagamenti più grandi. Inoltre, i conti correnti possono anche offrire accesso online e mobile banking, rendendo più facile monitorare le spese e gestire il conto.

Se invece si desidera risparmiare denaro, un conto di risparmio potrebbe essere la scelta migliore. Questi conti offrono tassi di interesse più elevati rispetto ai conti correnti e sono progettati per incentivare il risparmio. Tuttavia, spesso prevedono limitazioni sul numero di prelievi che si possono effettuare ogni mese e hanno costi maggiori se si effettuano prelievi aggiuntivi.

Inoltre, è importante considerare le tariffe e le commissioni associate al conto. Alcuni conti prevedono commissioni mensili, costi per il mantenimento del conto o commissioni sui prelievi e sui trasferimenti. Altri conti possono essere gratuiti o avere commissioni inferiori. È importante esaminare attentamente le tariffe e le commissioni e valutare quanto si è disposti a pagare per le funzionalità e i servizi offerti dal conto.

Infine, è importante considerare la facilità d'uso e l'accessibilità del conto. Alcuni conti possono offrire la possibilità di gestire il conto online o tramite app mobile, rendendo più facile il monitoraggio delle spese e la gestione del conto. Altri conti possono richiedere la visita in filiale per aprire o gestire il conto, rendendoli meno comodi per chi ha uno stile di vita più frenetico.

Ricapitolando, scegliere il conto bancario giusto dipende:

- dalle proprie esigenze finanziarie personali
- dal modo in cui si prevede di utilizzare il conto

Ed è necessario valutare attentamente:

- le tariffe e le commissioni
- il tasso di interesse
- la facilità d'uso e l'accessibilità

Ricerca delle opzioni di conto

Una volta che hai identificato le tue esigenze finanziarie personali, puoi iniziare a cercare le opzioni di conto disponibili. Ciò significa confrontare le tariffe e le spese, le opzioni di deposito e prelievo e le funzionalità disponibili.

Innanzitutto, è importante considerare le tariffe e le spese associate al conto. Ci sono banche che offrono conti correnti gratuiti o a basso costo, mentre altre possono avere tariffe più elevate per il mantenimento del conto, il prelievo di contante e l'utilizzo di servizi online. È importante esaminare attentamente queste tariffe e considerare come influiranno sui tuoi costi bancari complessivi. Successivamente, è importante considerare le opzioni di deposito e prelievo. Ad esempio, alcune banche potrebbero offrire una vasta rete di bancomat o sportelli automatici, mentre altre potrebbero avere una presenza limitata nella tua zona. Inoltre, è importante considerare la convenienza e la sicurezza dei metodi di deposito e prelievo disponibili. Ad esempio, alcune banche offrono depositi tramite telefonia mobile o scannerizzando i controlli, mentre altre richiedono che i depositi vengano effettuati personalmente presso un'agenzia bancaria.

Infine, è importante esaminare le funzionalità disponibili con il conto. Ad esempio, alcune banche potrebbero offrire servizi online avanzati, come il monitoraggio delle spese o la gestione del bilancio, mentre altre potrebbero offrire funzionalità limitate. Inoltre, è importante considerare se la banca offre strumenti come carte di credito o prestiti che potrebbero essere utili per le tue esigenze finanziarie.

In generale, la scelta di un conto bancario dipenderà dalle tue esigenze finanziarie personali e dalle opzioni disponibili nella tua zona. Tuttavia, esaminando attentamente le tariffe e le spese, le opzioni di deposito e prelievo e le funzionalità disponibili, puoi fare una scelta informata e scegliere un conto che soddisfi le tue esigenze finanziarie. Inoltre, è sempre importante leggere attentamente i termini e le condizioni del conto prima di aprire un nuovo conto bancario.

Valutazione delle tariffe e delle spese

La scelta di un conto bancario può avere un impatto significativo sulla gestione del tuo denaro, e valutare attentamente le tariffe e le spese associate al conto può aiutarti a risparmiare denaro nel lungo termine.

La prima cosa da fare è cercare le opzioni di conto bancario disponibili e confrontare le tariffe e le spese. Molte banche offrono diverse opzioni di conto, ognuna con tariffe e spese diverse, quindi vale la pena fare una ricerca accurata prima di prendere una decisione.

Le spese di apertura del conto possono variare, e alcune banche offrono promozioni speciali che possono aiutare a ridurre o eliminare queste spese. Le spese di gestione mensili possono essere un'altra considerazione importante. Alcuni conti bancari addebitano una piccola tassa ogni mese, ma molte banche offrono conti gratuiti o conti che possono essere gratuiti se si soddisfano determinati requisiti, come un saldo minimo o un determinato numero di transazioni ogni mese.

Le spese di transazione possono anche variare tra i diversi conti bancari. Ad esempio, potresti dover pagare una tassa per i prelievi in contanti dal bancomat o per i trasferimenti di denaro online. Verifica attentamente queste spese, poiché possono aggiungersi nel tempo e ridurre i tuoi risparmi.

Oltre alle tariffe e alle spese, è importante valutare anche altri fattori, come le opzioni di deposito e prelievo disponibili. Alcuni conti bancari offrono la possibilità di depositare denaro in filiale, tramite bonifico bancario o attraverso deposito mobile. Alcune banche offrono anche opzioni di prelievo più convenienti, come l'uso di carte di debito o di prelievi gratuiti presso i bancomat della stessa banca.

Infine, è importante valutare anche le funzionalità del conto bancario, come la possibilità di accedere online al conto e di visualizzare il saldo e le transazioni. Alcuni conti bancari offrono anche strumenti per la gestione del budget o il monitoraggio delle spese.

Conoscenza delle funzionalità del conto

Conoscere le funzionalità del proprio conto bancario è importante per capire se soddisfa le proprie esigenze finanziarie personali. Al giorno d'oggi, la maggior parte delle banche offre servizi online banking che consentono di gestire il proprio conto attraverso un sito web o un'applicazione. Questo è un servizio molto conveniente poiché permette di accedere al conto 24 ore su 24 e 7 giorni su 7, senza dover andare in banca.

Inoltre, molte banche offrono la possibilità di depositare denaro tramite un'ATM, che può essere molto utile se si vuole depositare denaro senza dover andare in banca durante gli orari di apertura. Alcune banche offrono anche la possibilità di depositare denaro tramite un'apposita app, il che rende il processo ancora più semplice e veloce. È inoltre importante conoscere la politica della banca riguardo alle carte di credito associate al conto. Alcune banche offrono carte di credito con bonus e premi per gli acquisti, mentre altre offrono tariffe di interesse più basse. Inoltre, alcune carte di credito offrono protezione contro le frodi e altre forme di protezione del consumatore, il che può essere utile in caso di problemi con gli acquisti.

Infine, alcuni conti bancari offrono servizi aggiuntivi, come prestiti o mutui a tassi di interesse agevolati, servizi di investimento o servizi di gestione patrimoniale. Se si desidera utilizzare questi servizi, è importante conoscere le opzioni disponibili presso la propria banca e confrontare le tariffe e le spese con quelle di altre banche.

Utilizzo del conto bancario in modo responsabile

Utilizzare il proprio conto bancario in modo responsabile è fondamentale per mantenere la stabilità finanziaria e evitare di cadere in situazioni di difficoltà economica. Ecco alcuni consigli per utilizzare il conto bancario in modo responsabile:

1. Monitorare le spese e i depositi: tenere traccia delle spese e dei depositi è un passo importante per capire come si sta utilizzando il proprio denaro. Ci sono diverse app che permettono di monitorare le proprie finanze in tempo reale, in

modo da poter individuare eventuali problemi e prendere provvedimenti tempestivamente.

2. Controllare regolarmente il saldo del conto: controllare il saldo del proprio conto bancario regolarmente è importante per evitare di avere sorprese sgradevoli, come ad esempio scoprire di aver superato il limite di credito o di avere un saldo negativo. Ci sono diverse opzioni per controllare il saldo del conto, come l'utilizzo dell'online banking o la consultazione di estratti conto.
3. Evitare il debito: l'utilizzo del debito, come ad esempio i prestiti personali o le carte di credito, può essere utile in alcune situazioni, ma è importante evitarlo se possibile. Il debito può infatti comportare interessi elevati e ulteriori spese, che possono compromettere la propria stabilità finanziaria. In generale, è importante fare acquisti solo se si dispone dei fondi necessari per pagarli.
4. Pagare le bollette puntualmente: pagare le bollette puntualmente è fondamentale per evitare sanzioni e penali. Inoltre, il mancato pagamento delle bollette può comportare la perdita di servizi essenziali, come ad esempio l'energia elettrica o il gas. Per evitare di dimenticare le scadenze, si può utilizzare un calendario o un promemoria elettronico.

Valutazione regolare del conto bancario

Una volta che hai scelto il conto bancario, è importante valutare regolarmente se soddisfa ancora le tue esigenze finanziarie. I conti bancari non sono tutti uguali, e le esigenze finanziarie possono cambiare nel tempo, quindi è importante assicurarsi che il conto bancario sia ancora la scelta giusta.

È importante valutare con regolarità il proprio conto corrente

- se il conto bancario è ancora conveniente. Ciò significa confrontare le tariffe e le spese del conto bancario con le tariffe e le spese di altri conti bancari disponibili. Le tariffe e le spese possono cambiare nel tempo, quindi è importante essere consapevoli di eventuali aumenti e confrontare regolarmente le opzioni disponibili.

- se ci sono nuove funzionalità disponibili che potrebbero soddisfare meglio le esigenze finanziarie. Ad esempio, potrebbe esserci una nuova funzionalità di risparmio automatico che ti aiuta a risparmiare denaro senza sforzo, o potrebbe esserci una nuova opzione di investimento disponibile attraverso il conto bancario.
- se ci sono tariffe o spese aggiuntive che devono essere prese in considerazione. Ad esempio, potresti aver bisogno di una carta di credito o di un prestito, e potrebbero esserci tariffe o spese associate a questi servizi che devono essere prese in considerazione. Inoltre, potresti aver bisogno di una maggiore copertura assicurativa per la protezione del conto, e ci possono essere costi aggiuntivi associati a questa copertura.
- per assicurarti di utilizzarlo in modo responsabile e per evitare il debito. Ciò significa monitorare regolarmente le tue spese e i tuoi depositi, controllare regolarmente il saldo del conto e pagare le bollette puntualmente. Inoltre, dovresti evitare il debito e mantenere il tuo conto bancario in ordine per assicurarti di utilizzarlo al meglio delle sue capacità.

Devi assicurarti sempre di avere tutto sotto controllo. Con la giusta attenzione e pianificazione, puoi utilizzare il tuo conto bancario in modo efficace e raggiungere più facilmente i tuoi obiettivi finanziari a lungo termine.

Parte 3: Investimenti e risparmi a lungo termine

I diversi tipi di investimenti

Azioni

Le azioni sono uno dei tipi di investimenti più comuni e popolari. Quando si acquista un'azione, si acquista una parte della proprietà di una società. In cambio dell'acquisto di un'azione, l'investitore diventa un azionista e ha diritto a partecipare alle decisioni importanti della società, nonché a ricevere una parte degli utili sotto forma di dividendi.

Le azioni vengono negoziate su mercati finanziari, come la Borsa Valori, dove gli investitori possono acquistare e vendere azioni. Il prezzo delle azioni dipende dalle condizioni di mercato, dalla salute finanziaria della società e dalle prospettive future della stessa. L'obiettivo principale degli investitori che acquistano azioni è quello di realizzare un profitto attraverso l'apprezzamento del valore delle azioni o la ricezione dei dividendi.

Un vantaggio delle azioni è che possono offrire un alto potenziale di guadagno. Se una società si espande e raggiunge il successo, il valore delle azioni può aumentare notevolmente, consentendo all'investitore di guadagnare molto denaro. Inoltre, molte società offrono dividendi ai propri azionisti, che possono essere una fonte di reddito aggiuntivo.

Tuttavia, le azioni sono anche considerate un investimento ad alto rischio. Il valore delle azioni può fluttuare considerevolmente, e gli investitori possono perdere denaro se il valore delle azioni diminuisce.

Inoltre, la salute finanziaria della società può influire sul valore delle azioni, e la società può anche decidere di non pagare dividendi. Per questo motivo, è importante che gli investitori interessati all'acquisto di azioni effettuino ricerche approfondite sulla società prima di effettuare l'acquisto. Ciò include l'analisi dei bilanci, la valutazione delle prospettive future della società e la considerazione di eventuali rischi associati alla società o al settore in cui opera.

In generale, le azioni sono un investimento adatto per gli investitori che sono disposti a correre un rischio più elevato in cambio di un potenziale rendimento più elevato. Tuttavia, per ridurre il rischio, gli investitori possono diversificare il proprio portafoglio investendo in azioni di diverse società in diversi settori. In questo modo, se una società o un settore subisce perdite, il portafoglio investimenti dell'investitore può essere meno colpito.

Obbligazioni

Le obbligazioni sono uno dei tipi più comuni di investimenti a reddito fisso, un'alternativa alle azioni che possono offrire un flusso di reddito costante con una maggiore stabilità e prevedibilità rispetto alle azioni. Quando si acquista un'obbligazione, si presta denaro all'emittente dell'obbligazione (ad esempio un'azienda o un governo) e in cambio si riceve un pagamento di interessi per la durata dell'obbligazione.

Le obbligazioni sono spesso classificate in base al credit rating dell'emittente, che rappresenta la sua capacità di ripagare l'obbligazione. Gli emittenti con un rating più elevato sono considerati meno rischiosi e offrono generalmente un rendimento inferiore rispetto a quelli con un rating più basso. Tuttavia, le obbligazioni a basso rating offrono generalmente un rendimento superiore per compensare il maggior rischio.

Ci sono anche diverse tipologie di obbligazioni:

- Le obbligazioni governative sono emesse dal governo e sono generalmente considerate più sicure rispetto alle obbligazioni societarie, che sono emesse da società.
- Le obbligazioni municipali sono emesse da enti governativi locali, come città o comuni, e offrono spesso vantaggi fiscali per gli investitori.

Le obbligazioni possono essere acquistate individualmente o attraverso fondi comuni di investimento obbligazionari, che offrono una diversificazione del portafoglio e una maggiore gestione del rischio. Tuttavia, come con qualsiasi investimento, ci sono anche rischi associati alle obbligazioni. Ad esempio, il valore delle obbligazioni può essere influenzato dalle variazioni dei tassi di interesse, dell'inflazione e della valutazione creditizia dell'emittente.

Fondi comuni di investimento

I fondi comuni di investimento sono una forma di investimento sempre più popolare tra gli investitori, poiché offrono una serie di vantaggi rispetto ad altri tipi di investimento. In primo luogo, i fondi comuni di investimento offrono una maggiore diversificazione, poiché i fondi contengono una varietà di azioni, obbligazioni e altri titoli di investimento, il che significa che gli investitori non sono esposti al rischio di una singola società o titolo. In secondo luogo, i fondi comuni di investimento sono gestiti da professionisti del settore, che analizzano i titoli di investimento per conto dell'investitore e cercano di massimizzare i rendimenti del fondo. In terzo luogo, i fondi comuni di investimento sono disponibili in diverse categorie di rischio, consentendo agli investitori di scegliere il livello di rischio che si adatta meglio alle loro esigenze e al loro profilo di investimento.

I fondi comuni di investimento sono disponibili in diverse categorie, tra cui fondi azionari, fondi obbligazionari e fondi bilanciati. I fondi azionari investono principalmente in azioni, mentre i fondi obbligazionari investono principalmente in obbligazioni. I fondi bilanciati investono in una combinazione di azioni e obbligazioni. I fondi comuni di investimento possono essere ulteriormente suddivisi in base alla capitalizzazione di mercato delle società in cui investono, ad esempio grandi società, medie società o piccole società.

Per investire in un fondo comune di investimento, gli investitori devono acquistare quote del fondo. Il prezzo delle quote può fluttuare in base alle prestazioni del fondo. Gli investitori possono acquistare e vendere le proprie quote del fondo in base alle esigenze e alle opportunità di mercato. Tuttavia, è importante tenere presente che il valore delle azioni o delle obbligazioni in cui il fondo investe può fluttuare a seconda delle condizioni di mercato, il che significa che il valore delle quote del fondo può anche fluttuare.

È importante valutare attentamente i costi associati ai fondi comuni di investimento. Ci sono spese per l'acquisto di quote del fondo e spese di gestione annuale. Tuttavia, molte società di fondi comuni di investimento offrono anche sconti sulle spese di gestione per gli investitori che detengono quote del fondo per un periodo di tempo più lungo.

ETF

Gli Exchange Traded Funds (ETF) rappresentano un tipo di investimento relativamente recente, che si è diffuso a partire dagli anni '90 del secolo scorso. Come i fondi comuni di investimento, gli ETF sono strumenti finanziari utilizzati per investire in modo diversificato in un'ampia varietà di asset finanziari. Tuttavia, a differenza dei fondi comuni, gli ETF sono scambiati come azioni su una borsa valori. Ciò significa che gli ETF possono essere comprati e venduti durante le ore di negoziazione di mercato, proprio come le azioni.

Gli ETF sono stati progettati per replicare l'andamento di un indice, come il Dow Jones o il S&P 500. Ciò significa che l'investitore che acquista un ETF ha la possibilità di avere una esposizione diretta e diversificata su un intero mercato, piuttosto che sulle singole azioni che lo compongono. Ad esempio, se un investitore acquista un ETF che segue l'andamento dell'indice S&P 500, avrà un investimento diversificato su tutte le 500 aziende che compongono l'indice. In questo modo, l'investitore può ottenere una esposizione al mercato azionario americano senza dover scegliere singole azioni.

I vantaggi degli ETF rispetto ai fondi comuni di investimento sono diversi. In primo luogo, gli ETF sono scambiati in borsa, il che significa che possono essere comprati e venduti in qualsiasi momento durante le ore di negoziazione. Questo offre una maggiore flessibilità rispetto ai fondi comuni, che possono essere acquistati e venduti solo a fine giornata di negoziazione. In secondo luogo, gli ETF hanno costi di gestione più bassi rispetto ai fondi comuni. Ciò significa che gli investitori possono ottenere un'esposizione diversificata a un costo inferiore. In terzo luogo, gli ETF offrono una maggiore trasparenza rispetto ai fondi comuni di investimento. Ciò significa che gli investitori possono monitorare facilmente la composizione del proprio portafoglio e i costi associati.

Gli ETF sono disponibili in una vasta gamma di stili e livelli di rischio. Ci sono ETF che replicano l'andamento dei mercati azionari, dei mercati obbligazionari, dei mercati dei metalli preziosi, dei mercati delle materie prime e altro ancora. Inoltre, esistono ETF che si concentrano su specifici settori dell'economia, come il settore tecnologico o il settore delle energie rinnovabili.

Come con qualsiasi tipo di investimento, gli ETF comportano un certo grado di rischio. Gli investitori devono fare attenzione a valutare il rischio associato a un determinato ETF prima di investire. Inoltre, è importante notare che la performance passata di un ETF non è garanzia della performance futura. Gli investitori dovrebbero sempre consultare un professionista finanziario prima di effettuare un investimento.

Immobili

Gli investimenti immobiliari possono essere un'opzione interessante per coloro che desiderano investire a lungo termine e guadagnare attraverso l'apprezzamento del valore delle proprietà o attraverso i pagamenti di affitto. Gli immobili sono un bene tangibile che può essere utilizzato per scopi commerciali o residenziali, offrendo potenzialmente rendimenti più stabili rispetto ad altri tipi di investimenti.

Acquistare una proprietà immobiliare può richiedere un investimento iniziale significativo, ma può anche offrire rendimenti molto elevati nel corso del tempo. L'apprezzamento del valore delle proprietà può essere una fonte di guadagno, poiché le proprietà immobiliari tendono a diventare più preziose con il tempo. Inoltre, gli investitori immobiliari possono guadagnare denaro attraverso i pagamenti di affitto, fornendo una fonte di reddito passivo.

Oltre all'acquisto diretto di proprietà immobiliari, gli investitori possono anche considerare l'acquisto di fondi immobiliari. I fondi immobiliari sono costituiti da una serie di proprietà immobiliari gestite da una società di investimento immobiliare. Questa opzione di investimento offre ai singoli investitori la possibilità di partecipare a un portafoglio diversificato di proprietà immobiliari a un costo inferiore rispetto all'acquisto diretto di proprietà immobiliari.

Tuttavia, gli investimenti immobiliari presentano anche dei rischi. L'acquisto di proprietà immobiliari richiede un investimento significativo iniziale e può essere un processo lungo e complesso. Inoltre, la gestione delle proprietà immobiliari può essere impegnativa, richiedendo tempo e risorse per la manutenzione, la ricerca dei locatari e la gestione delle attività finanziarie.

Inoltre, gli investimenti immobiliari sono influenzati dal mercato immobiliare locale e nazionale, che può essere soggetto a fluttuazioni di prezzo e di domanda. Ciò significa che gli investimenti immobiliari possono essere rischiosi e soggetti a perdite, soprattutto in periodi di mercato immobiliare depresso.

Per questi motivi, gli investitori dovrebbero fare la propria ricerca e consultare esperti finanziari prima di decidere di investire in proprietà immobiliari o fondi immobiliari. Tuttavia, con una pianificazione attenta e una gestione oculata, gli investimenti immobiliari possono essere un'opzione interessante per coloro che cercano di diversificare il loro portafoglio e guadagnare a lungo termine.

Materie prime

L'investimento in materie prime è una forma di investimento alternativa che può offrire aiuto nella diversificazione del portafoglio degli investitori. Le materie prime sono risorse naturali estratte dal suolo o prodotte dall'uomo, come metalli, energia e prodotti agricoli, e sono utilizzate per la produzione di beni e servizi. L'investimento in materie prime può offrire benefici in termini di diversificazione del portafoglio e come copertura contro l'inflazione.

Esistono diverse modalità per investire in materie prime. La forma più comune di investimento in materie prime è l'acquisto di materie prime fisiche come l'oro o l'argento, che possono essere conservate sotto forma di lingotti o monete. L'investimento in materie prime fisiche è tuttavia limitato dalla necessità di conservare e proteggere tali beni, il che può comportare costi aggiuntivi per l'investitore.

Un'altra forma di investimento in materie prime è quella dei fondi negoziati in borsa (ETF) che replicano l'andamento delle materie prime. Questi fondi sono negoziati in borsa come qualsiasi altro titolo e permettono agli investitori di investire in una vasta gamma di materie prime, senza dover gestire fisicamente tali beni. Gli ETF offrono una maggiore liquidità rispetto all'acquisto di materie prime fisiche, ma possono essere soggetti a commissioni e spese aggiuntive.

Inoltre, l'investimento in materie prime può essere effettuato attraverso l'acquisto di azioni di società operanti nei settori delle materie prime. Questo tipo di investimento consente agli investitori di partecipare alla crescita del settore delle materie prime, senza dover investire direttamente in tali beni. Gli investitori devono tuttavia essere consapevoli dei rischi associati all'investimento in azioni, come la volatilità del mercato e la possibilità di perdite finanziarie.

Come per qualsiasi forma di investimento, l'investimento in materie prime comporta rischi e richiede una corretta valutazione dei rischi e delle opportunità. Gli investitori dovrebbero considerare la loro situazione finanziaria personale e gli obiettivi di investimento prima di decidere di investire in materie prime. Inoltre, è importante fare ricerca e acquisire conoscenze sugli investimenti in materie prime per poter prendere decisioni informate.

Forex

Il Forex è uno dei mercati più grandi e liquidi del mondo, dove le valute sono scambiate 24 ore al giorno, 5 giorni alla settimana. Il mercato del Forex è anche uno dei più accessibili, grazie alla possibilità di investire anche con piccole somme di denaro. Tuttavia, investire nel Forex comporta anche rischi elevati, ed è quindi importante comprendere i suoi meccanismi prima di iniziare ad investire.

Il mercato del Forex viene utilizzato principalmente per fare trading sulle valute estere, al fine di ottenere un profitto dalle fluttuazioni dei tassi di cambio. I trader possono acquistare una valuta a un tasso di cambio basso e poi venderla a un tasso più elevato, o vendere una valuta a un tasso di cambio elevato e poi acquistarla a un tasso più basso. Questo tipo di trading richiede una conoscenza approfondita dei mercati valutari e delle economie nazionali.

Ci sono diversi fattori che influenzano il mercato del Forex. Uno dei più importanti è la politica monetaria dei paesi, che può avere un impatto significativo sui tassi di cambio. Inoltre, le notizie economiche e politiche possono influenzare le valute estere e le fluttuazioni dei prezzi. Inoltre, fattori tecnici come l'analisi dei grafici e dei dati storici possono essere utilizzati per prevedere i movimenti futuri del mercato del Forex.

Esistono diversi strumenti che possono essere utilizzati per fare trading sul mercato del Forex. I trader possono utilizzare piattaforme di trading online per acquistare e vendere valute, così come strumenti di analisi tecnica e fondamentale per prendere decisioni informate sui loro investimenti. Inoltre, ci sono anche programmi di trading automatico che utilizzano algoritmi per eseguire gli ordini di trading in modo automatico.

Tuttavia, investire nel Forex comporta anche rischi significativi. Poiché il mercato del Forex è altamente volatile e può fluttuare rapidamente, i trader possono perdere una quantità considerevole di denaro in un breve periodo di tempo. Inoltre, ci sono anche rischi legati alla leva finanziaria, che permette ai trader di investire maggiori quantità di denaro di quanto ne possiedano effettivamente. La leva finanziaria può amplificare i profitti, ma può anche amplificare le perdite.

Criptovalute

Le criptovalute hanno ricevuto molta attenzione negli ultimi anni come un nuovo tipo di investimento che potrebbe offrire grandi opportunità di guadagno. Tuttavia, sono anche estremamente volatili e rischiosi.

Ecco cosa devi sapere prima di investire in criptovalute.

Innanzitutto, è importante capire che le criptovalute, come il Bitcoin, sono decentralizzate e non sono controllate da alcuna autorità centrale. Ciò significa che le criptovalute non sono supportate da alcun governo o banca centrale, e il loro valore è determinato dalla domanda e dall'offerta sul mercato.

Una delle caratteristiche principali delle criptovalute è la loro volatilità. Il valore delle criptovalute può variare in modo significativo in un breve periodo di tempo, rendendole un investimento ad alto rischio. Ciò significa che gli investitori devono essere pronti a subire perdite significative, anche se ci sono anche potenziali guadagni elevati.

Inoltre, le criptovalute sono vulnerabili agli hacker. Le piattaforme di criptovalute possono essere colpite da attacchi informatici che possono portare alla perdita di criptovalute. Gli investitori dovrebbero prendere misure per proteggere i propri investimenti in criptovalute, come l'utilizzo di portafogli offline o hardware wallet.

Infine, le criptovalute sono soggette a regolamentazione in evoluzione. I governi di tutto il mondo stanno ancora cercando di capire come regolare le criptovalute, e ci sono diverse opinioni su come farlo. Ciò significa che gli investitori in criptovalute potrebbero dover affrontare una maggiore incertezza e rischio di cambiamenti normativi in futuro.

A partire dai primi mesi del 2022 è stata introdotta una nuova legge europea per regolamentare gli investimenti in criptovalute. In base a questa legge, è richiesto ai proprietari di criptovalute di dichiarare la loro proprietà e le eventuali guadagni ottenuti attraverso di esse. Inoltre, gli operatori di piattaforme di criptovalute sono tenuti a tracciare tutte le operazioni che avvengono sulla loro piattaforma e a segnalare eventuali attività sospette alle autorità competenti. Questa legge è stata introdotta per proteggere gli investitori e prevenire l'uso di criptovalute per attività illegali, come il riciclaggio di denaro o il finanziamento del terrorismo. Inoltre, la legge cerca di creare un ambiente più stabile e trasparente per gli investimenti in criptovalute.

La regolamentazione delle criptovalute in Europa segue la tendenza di altri paesi che stanno implementando norme simili. Ad esempio, negli Stati Uniti, la SEC ha emesso regolamentazioni specifiche per gli investimenti in criptovalute e ha riconosciuto alcune criptovalute come strumenti finanziari regolamentati. Anche in Giappone, è stata introdotta una legge che richiede la registrazione di tutte le piattaforme di criptovalute presso l'Agenzia dei servizi finanziari.

Come investire in modo intelligente e minimizzare i rischi

Diversificazione del portafoglio

La diversificazione del portafoglio è una strategia importante per investire in modo intelligente e minimizzare i rischi. In pratica, significa suddividere il denaro in diverse attività, come azioni, obbligazioni, fondi comuni di investimento, ETF e altri tipi di investimenti. In questo modo, se un'attività subisce una perdita, gli altri investimenti possono bilanciare la perdita e ridurre il rischio complessivo del portafoglio.

La diversificazione è importante perché nessun tipo di attività finanziaria è completamente al riparo dai rischi di mercato. Anche le azioni più solide possono avere fluttuazioni di prezzo significative a seconda delle circostanze del mercato. Invece, quando si investe in un portafoglio diversificato, le perdite su un particolare investimento possono essere bilanciate dalle guadagni degli altri investimenti.

Ma come si crea un portafoglio diversificato? La prima cosa da fare è valutare il proprio profilo di rischio e gli obiettivi di investimento. Una volta stabilito il profilo di rischio e gli obiettivi di investimento, si può iniziare a costruire un portafoglio di investimenti diversificati.

Ci sono diverse categorie di attività finanziarie in cui è possibile investire e ognuna ha un diverso grado di rischio e di potenziale rendimento. Le azioni, ad esempio, sono considerate più rischiose rispetto alle obbligazioni, ma offrono anche maggiori possibilità di rendimento a lungo termine. Le obbligazioni, d'altra parte, sono considerate meno rischiose delle azioni, ma hanno un potenziale di guadagno inferiore.

Inoltre, ci sono anche altri tipi di investimenti come i fondi comuni di investimento e gli ETF, che possono offrire una diversificazione geografica e settoriale. Ad esempio, un fondo comune di investimento può investire in una vasta gamma di attività finanziarie, inclusi azioni, obbligazioni e materie prime, e possono essere suddivisi per regione geografica o settore di attività.

La diversificazione del portafoglio richiede anche un costante monitoraggio e aggiornamento. È importante rimanere aggiornati sulle tendenze del mercato e regolare il proprio portafoglio di conseguenza. Ad esempio, se un determinato settore di mercato sta subendo una forte contrazione, potrebbe essere necessario vendere alcune attività in quel settore e reinvestire in altre categorie di investimenti.

Investimenti a lungo termine

Investire a lungo termine è una strategia che implica l'acquisto di titoli che si prevede aumenteranno di valore nel corso di molti anni. Questo tipo di investimento è particolarmente utile per chi cerca di minimizzare i rischi di perdita di denaro a breve termine, ma vuole guadagnare più soldi sul lungo periodo.

Gli investimenti a lungo termine possono essere effettuati in una vasta gamma di titoli, tra cui azioni, obbligazioni, fondi comuni di investimento e ETF. Gli investitori dovrebbero fare attenzione a scegliere titoli di società solide e stabili, con un track record di performance positiva e un modello di business solido. È importante valutare attentamente i rischi e le opportunità di ogni titolo e bilanciare il proprio portafoglio in base alle proprie esigenze di investimento.

Ci sono diversi vantaggi nell'investire a lungo termine. In primo luogo, gli investitori possono ridurre il rischio di perdita di denaro causato dalle fluttuazioni del mercato a breve termine. Investire a lungo termine consente di non preoccuparsi troppo delle fluttuazioni a breve termine e di tenere traccia dei risultati a lungo termine. In secondo luogo, gli investimenti a lungo termine possono offrire la possibilità di guadagnare denaro in modo consistente nel tempo. I titoli di società solide e stabili tendono ad avere una crescita costante nel tempo, consentendo agli investitori di guadagnare denaro attraverso l'apprezzamento del valore delle azioni e dei dividendi. In terzo luogo, gli investimenti a lungo termine possono offrire un potenziale vantaggio fiscale. Gli investitori che mantengono i loro titoli a lungo termine possono beneficiare di tassi fiscali più bassi rispetto a quelli che mantengono i loro titoli per un breve periodo di tempo.

Tuttavia, investire a lungo termine non è privo di rischi. Ci sono alcuni fattori da considerare quando si sceglie di investire a lungo termine. Innanzitutto, gli investitori devono avere pazienza e disciplina per non vendere i propri titoli in momenti di incertezza del mercato. Inoltre, ci possono essere cambiamenti nelle condizioni economiche o nell'industria che possono influire sulla performance dei titoli a lungo termine. Infine, gli investitori dovrebbero fare attenzione a diversificare il loro portafoglio di investimenti per ridurre il rischio.

Ricerca e analisi

La ricerca e l'analisi sono elementi fondamentali per chi desidera investire in modo intelligente e minimizzare i rischi. Molti investitori commettono l'errore di investire in titoli senza effettuare una adeguata valutazione dei loro obiettivi di investimento e della situazione finanziaria dell'azienda. Per evitare di commettere questo errore, è importante effettuare la dovuta diligenza sui titoli in cui si sta investendo.

La ricerca dei titoli può essere effettuata attraverso molte fonti, come le notizie finanziarie, le relazioni annuali delle società, i report di analisi di esperti del settore e le piattaforme di trading online. È importante analizzare le informazioni di diverse fonti per avere una visione completa della situazione del titolo e della società.

L'analisi delle informazioni finanziarie delle società è un passaggio importante nella valutazione dei titoli. Gli investitori devono valutare fattori come il rapporto prezzo/utili, il rapporto debito/patrimonio, il flusso di cassa e altri indicatori finanziari. Inoltre, è importante valutare anche la posizione del settore in cui opera l'azienda e le tendenze di mercato del settore.

Oltre alla valutazione dei titoli e delle società, gli investitori devono anche valutare i loro obiettivi di investimento e la loro situazione finanziaria. Ad esempio, un investitore a lungo termine con un basso rischio di tolleranza potrebbe preferire investimenti meno volatili, come i fondi comuni di investimento. Al contrario, un investitore con un'alta tolleranza al rischio potrebbe preferire investire in azioni o altre attività più volatili.

Infine, è importante monitorare i propri investimenti regolarmente per valutare la loro performance. Gli investitori dovrebbero prestare attenzione ai cambiamenti nel mercato e alle eventuali notizie finanziarie delle società in cui hanno investito.

Gestione del rischio

La gestione del rischio è un aspetto fondamentale dell'investimento. Nessun investimento è esente da rischi, e per questo è importante identificare questi rischi e trovare modi per gestirli o mitigarli. Ci sono diversi tipi di rischi associati all'investimento, come il rischio di mercato, il rischio di credito, il rischio di liquidità e il rischio operativo.

- Il rischio di mercato è il rischio che l'andamento del mercato porti a una perdita di valore dell'investimento. Ciò significa che se il mercato in cui si investe subisce una brusca diminuzione, l'investitore potrebbe subire una perdita finanziaria. Questo tipo di rischio può essere mitigato attraverso la diversificazione del portafoglio e la scelta di investimenti a lungo termine.
- Il rischio di credito si verifica quando un'entità emittente di titoli di credito, come un'azienda o uno Stato, non è in grado di ripagare il debito contratto. Questo tipo di rischio può essere mitigato attraverso la scelta di investimenti di alta qualità o la diversificazione del portafoglio.
- Il rischio di liquidità è il rischio che un'investimento non possa essere venduto rapidamente o ad un prezzo ragionevole. Questo tipo di rischio può essere mitigato attraverso la scelta di investimenti liquidi e la diversificazione del portafoglio.
- Il rischio operativo si verifica quando c'è un problema con l'attività sottostante dell'investimento, come un'azienda che non riesce a soddisfare le proprie promesse o un fondo che non gestisce correttamente il portafoglio. Questo tipo di rischio può essere mitigato attraverso la ricerca e l'analisi dei titoli in cui si investe.

Ci sono diverse tecniche per gestire il rischio di investimento, come la diversificazione del portafoglio, l'utilizzo di strumenti finanziari come le opzioni e i futures, la scelta di investimenti a basso rischio e la limitazione delle perdite attraverso l'utilizzo di stop-loss orders.

Utilizzo di un consulente finanziario

L'investimento è una pratica che richiede tempo, dedizione e una buona dose di conoscenza finanziaria. Spesso, gli investitori cercano di investire in modo intelligente e minimizzare i rischi attraverso una serie di strategie. Una di queste strategie è l'utilizzo di un consulente finanziario.

Un consulente finanziario è un professionista che aiuta gli investitori a creare una strategia di investimento personalizzata e adatta alle loro esigenze. I consulenti finanziari possono aiutare gli investitori a identificare le opportunità di investimento, suggerire strategie di gestione del rischio e fornire informazioni sulle tasse e la pianificazione fiscale. Una delle ragioni principali per cui gli investitori scelgono di utilizzare un consulente finanziario è la loro conoscenza specialistica del mercato finanziario. I consulenti finanziari hanno accesso a una vasta gamma di informazioni e possono analizzare le tendenze di investimento per aiutare gli investitori a prendere decisioni informate sulle loro attività di investimento. Inoltre, i consulenti finanziari hanno anche la capacità di monitorare i portafogli di investimento degli investitori e di apportare modifiche in base alle tendenze del mercato. Un'altra ragione per cui gli investitori scelgono di utilizzare un consulente finanziario è la loro capacità di gestire il rischio. I consulenti finanziari possono aiutare gli investitori a identificare i potenziali rischi associati a un investimento e suggerire modi per mitigare questi rischi. Ad esempio, i consulenti finanziari possono consigliare l'acquisto di opzioni di vendita o di strategie di copertura per ridurre il rischio di perdere denaro su un investimento.

Infine, i consulenti finanziari possono anche fornire informazioni sulla pianificazione fiscale. Molti investitori non hanno una comprensione completa delle leggi fiscali e delle implicazioni fiscali associate alle attività di investimento. I consulenti finanziari possono aiutare gli investitori a identificare le opportunità fiscali e a creare una strategia di investimento che tenga conto delle implicazioni fiscali.

In definitiva, l'utilizzo di un consulente finanziario può aiutare gli investitori ad investire in modo intelligente e a minimizzare i rischi. I consulenti finanziari possono fornire informazioni specialistiche sul mercato finanziario, gestire il rischio e fornire informazioni sulla pianificazione fiscale. Se si desidera investire in modo intelligente e ottenere il massimo rendimento dal proprio investimento, l'utilizzo di un consulente finanziario può essere una scelta saggia e informata.

Monitoraggio regolare degli investimenti

Il monitoraggio regolare degli investimenti è un aspetto fondamentale dell'investimento a lungo termine. Anche se gli investimenti vengono fatti con una buona strategia di diversificazione e gestione del rischio, le condizioni del mercato possono cambiare e potrebbero essere necessari aggiustamenti al portafoglio di investimento.

Il primo passo per il monitoraggio degli investimenti è controllare regolarmente il rendimento degli investimenti. Ciò significa controllare il rendimento di ogni titolo nel portafoglio di investimento per garantire che stiano producendo i guadagni attesi. In caso contrario, potrebbe essere necessario apportare alcune modifiche al portafoglio, come vendere alcuni titoli che non stanno producendo risultati o acquistare nuovi titoli che si prevede avranno un buon rendimento in futuro.

Oltre a controllare il rendimento degli investimenti, è anche importante tenere d'occhio le condizioni del mercato. Le fluttuazioni del mercato possono influire sui prezzi dei titoli e sui rendimenti degli investimenti. Per questo motivo, è importante tenere d'occhio gli eventi economici e politici che possono influenzare i mercati, come le elezioni, le decisioni della banca centrale, le fluttuazioni dei tassi di interesse e altro ancora.

Per monitorare gli investimenti, gli investitori possono utilizzare una varietà di strumenti, come applicazioni di monitoraggio degli investimenti, software di gestione del portafoglio o l'aiuto di un consulente finanziario. Gli strumenti di monitoraggio degli investimenti possono fornire informazioni in tempo reale sui rendimenti degli investimenti e sulle fluttuazioni del mercato, consentendo agli investitori di prendere decisioni informate sulla gestione del portafoglio di investimento.

L'aiuto di un consulente finanziario può essere particolarmente utile per gli investitori che non hanno esperienza nell'investimento o che preferiscono affidarsi ad esperti finanziari. Un consulente finanziario può aiutare a monitorare gli investimenti e suggerire eventuali modifiche al portafoglio di investimento in base alle esigenze finanziarie dell'investitore. Infine, è importante tenere d'occhio i costi associati agli investimenti. Gli investitori dovrebbero monitorare le commissioni di intermediazione, le spese di gestione del fondo e altre spese per garantire che non stiano mangiando i guadagni degli investimenti. In alcuni casi, potrebbe essere necessario cercare alternative a basso costo per gli investimenti, come i fondi indicizzati, per mantenere i costi al minimo.

Utilizzo di strumenti di risparmio automatici

Gli strumenti di risparmio automatico possono essere una strategia vincente per coloro che vogliono investire in modo intelligente e minimizzare i rischi. In passato, risparmiare e investire richiedeva un certo sforzo, poiché si dovevano prendere decisioni di investimento in modo autonomo e trasferire manualmente i fondi verso il proprio conto di investimento. Tuttavia, con la diffusione degli strumenti di risparmio automatico, risparmiare e investire è diventato più semplice che mai.

I piani di investimento a cadenza regolare sono uno strumento di risparmio automatico popolare. In pratica, il piano di investimento a cadenza regolare prevede che un determinato importo di denaro venga trasferito regolarmente dal conto corrente dell'investitore al proprio conto di investimento. Questo può essere fatto settimanalmente, mensilmente o a qualsiasi intervallo di tempo prescelto. Con questo strumento, gli investitori possono risparmiare e investire in modo costante, indipendentemente dal fatto che i mercati finanziari siano al rialzo o al ribasso. Ciò significa che gli investitori possono minimizzare il rischio di acquistare titoli a prezzi eccessivi e massimizzare il potenziale di profitto acquistando titoli a prezzi convenienti.

Inoltre, i conti di risparmio automatico sono un altro strumento di risparmio automatico. Questi conti di risparmio funzionano in modo simile ai conti di risparmio tradizionali, ma l'investitore deve stabilire l'importo che intende risparmiare regolarmente e la frequenza di deposito. Gli importi vengono automaticamente trasferiti dal conto corrente dell'investitore al proprio conto di risparmio.

L'utilizzo di strumenti di risparmio automatico è una scelta intelligente per coloro che vogliono investire in modo intelligente e minimizzare i rischi. Con questi strumenti, gli investitori possono mantenere un approccio costante e coerente all'investimento, risparmiando e investendo in modo automatico e continuo, senza dover preoccuparsi delle fluttuazioni dei mercati finanziari. Inoltre, gli investitori possono beneficiare della convenienza e dell'efficienza degli strumenti di risparmio automatico, che riducono al minimo il tempo e lo sforzo necessari per investire.

Pianificare la pensione e assicurarsi un futuro finanziario stabile

Calcolo del fabbisogno pensionistico

Il calcolo del fabbisogno pensionistico è una parte fondamentale della pianificazione della pensione e può aiutare a garantire un futuro finanziario stabile. Per calcolare il proprio fabbisogno pensionistico, è necessario considerare diversi fattori, tra cui lo stile di vita attuale, le spese previste per la pensione e la durata stimata della pensione. In generale, si consiglia di calcolare il fabbisogno pensionistico almeno dieci anni prima della data prevista per la pensione.

Per determinare il fabbisogno pensionistico, è possibile utilizzare una serie di metodi. Ad esempio, si può utilizzare una formula di sostituzione del reddito, che prevede di calcolare una percentuale del reddito attuale che si vorrebbe mantenere durante la pensione. In alternativa, si può utilizzare un calcolatore online che tenga conto delle spese correnti e dei tassi di inflazione.

Una volta calcolato il fabbisogno pensionistico, è possibile adottare diverse strategie per garantire un futuro finanziario stabile. Una delle strategie più importanti è iniziare a risparmiare per la pensione il prima possibile. Questo può essere fatto attraverso l'apertura di un conto pensionistico o attraverso un piano di investimento pensionistico.

Un'altra strategia importante è quella di diversificare gli investimenti. Ciò significa investire in una varietà di titoli, tra cui azioni, obbligazioni e fondi comuni di investimento. La diversificazione del portafoglio può aiutare a minimizzare i rischi di investimento e massimizzare i rendimenti.

È inoltre importante considerare l'assicurazione pensionistica come mezzo per proteggere il proprio futuro finanziario.

Creazione di un piano di risparmio per la pensione

Creare un piano di risparmio per la pensione è un passo fondamentale per assicurarsi un futuro finanziario stabile. Come abbiamo visto in precedenza, il primo passo è calcolare il fabbisogno pensionistico, cioè il denaro necessario ogni anno per mantenere il proprio stile di vita durante la pensione. Una volta calcolato il fabbisogno, è possibile iniziare a pianificare il risparmio.

La pianificazione del risparmio per la pensione deve essere vista come un impegno a lungo termine. Ciò significa stabilire obiettivi di risparmio a breve e lungo termine. I risparmiatori devono iniziare a risparmiare il prima possibile, preferibilmente già in giovane età, in modo da poter accumulare un patrimonio significativo nel tempo. Inoltre, è importante avere una strategia per il risparmio, che deve essere coerente con il proprio stile di vita e il proprio budget.

Una volta stabiliti gli obiettivi di risparmio, è necessario selezionare gli strumenti di risparmio appropriati. Ci sono molti strumenti di risparmio tra cui scegliere, tra cui piani pensionistici individuali (PIP), fondi pensione, investimenti in azioni, obbligazioni e fondi comuni di investimento. La scelta degli strumenti di risparmio dipende dalle proprie preferenze personali, dalla propria situazione finanziaria e dalle aspettative di guadagno.

In ogni caso, è importante scegliere gli strumenti di risparmio in modo oculato. Ad esempio, gli investimenti in azioni e obbligazioni possono essere rischiosi, ma potenzialmente offrono un rendimento elevato. Al contrario, i fondi pensione possono essere meno rischiosi, ma anche meno remunerativi. In ogni caso, la diversificazione degli investimenti è importante per mitigare i rischi e massimizzare i guadagni.

Una volta selezionati gli strumenti di risparmio, è necessario pianificare i contributi regolari. Il risparmio deve essere coerente con il proprio budget, ma anche abbastanza consistente da permettere di raggiungere gli obiettivi di risparmio prefissati. In genere, i risparmiatori devono cercare di contribuire il più possibile ai propri piani di risparmio per la pensione, in modo da poter accumulare un patrimonio significativo nel tempo. Infine, è buona norma monitorare e aggiornare il piano di risparmio per la pensione regolarmente. La situazione finanziaria può cambiare nel tempo, quindi è importante adattare il piano di risparmio di conseguenza. Ad esempio, se si è in grado di risparmiare di più rispetto a quanto originariamente previsto, è possibile aumentare i contributi al piano di risparmio per la pensione. In ogni caso, il piano di risparmio per la pensione deve essere visto come un impegno a lungo termine per garantire un futuro finanziario stabile.

Fondi pensione

In Italia è possibile partecipare a un piano di pensionamento sponsorizzato dal datore di lavoro. Questi piani sono chiamati "Fondi Pensione" e sono fondi di investimento gestiti da istituti finanziari, che hanno l'obiettivo di garantire una rendita pensionistica integrativa ai lavoratori.

Il funzionamento di un fondo pensione in Italia è simile a quello di un fondo pensione a contribuzione definita o a prestazioni definite negli Stati Uniti. I lavoratori possono decidere di aderire al fondo pensione e scegliere quanto contribuire ogni mese. Il datore di lavoro può anche contribuire al fondo in nome del lavoratore.

I contributi vengono investiti dal fondo in vari strumenti finanziari, come azioni, obbligazioni e fondi comuni di investimento, con l'obiettivo di ottenere un rendimento a lungo termine. Il lavoratore riceverà poi una rendita pensionistica integrativa, in aggiunta alla pensione prevista dal sistema previdenziale pubblico. È importante notare che in Italia, i fondi pensione sono disciplinati da leggi specifiche, come la Legge 252/2005 e il Decreto Ministeriale 29 novembre 2000, e sono soggetti a regole di investimento e di gestione dei rischi definite dalle autorità di regolamentazione.

Investimenti appropriati per la pensione

Quando si pianifica la pensione, la scelta degli investimenti giusti è una delle decisioni più importanti da prendere. Gli investimenti appropriati per la pensione devono offrire un equilibrio tra rischio e rendimento e devono adattarsi alle esigenze di risparmio e di reddito. Prima di tutto, è importante capire che la scelta degli investimenti dipende dall'età, dalle esigenze finanziarie e dal livello di rischio che si è disposti ad assumere. Di solito, gli investimenti a lungo termine come azioni, fondi comuni di investimento e obbligazioni governative sono considerati adatti per la pensione perché offrono un equilibrio tra rischio e rendimento.

Le azioni possono offrire rendimenti elevati a lungo termine, ma sono anche soggette a fluttuazioni di mercato significative, il che le rende un investimento più rischioso. I fondi comuni di investimento sono costituiti da una serie di titoli diversi, offrendo un certo livello di diversificazione del rischio. Le obbligazioni governative sono considerate un investimento più sicuro poiché offrono un flusso costante di reddito e una minore probabilità di perdita di capitale.

Oltre a questi investimenti tradizionali, ci sono anche opzioni di investimento più nuove come i fondi pensione e i piani di investimento pensionistici individuali (PIP) che offrono ulteriori vantaggi fiscali. I fondi pensione sono gestiti da professionisti e permettono di accedere a una vasta gamma di investimenti, spesso con una gestione del rischio attiva. I PIP, d'altra parte, sono un piano di risparmio individuale che offre vantaggi fiscali per i contributi effettuati, ma richiedono una scelta attiva degli investimenti.

Indipendentemente dall'investimento scelto, è importante fare una pianificazione a lungo termine e monitorare regolarmente il rendimento degli investimenti. È anche importante mantenere un portafoglio ben diversificato, in modo da ridurre il rischio complessivo del portafoglio. Per questo motivo, gli investimenti dovrebbero essere scelti in modo da bilanciare i rischi e i rendimenti e adeguate alle proprie esigenze di risparmio e di reddito. Inoltre, è importante notare che la pianificazione per la pensione non dovrebbe essere un'attività isolata. È importante considerare anche altri fattori come le assicurazioni, la pianificazione fiscale e le spese future. Infatti, una pianificazione finanziaria completa deve includere anche la pianificazione per eventi imprevisti come malattie, disabilità o perdita di lavoro.

Copertura assicurativa

La copertura assicurativa è un aspetto importante da considerare quando si pianifica la pensione e si vuole assicurarsi un futuro finanziario stabile. L'assicurazione può essere un modo efficace per mitigare i rischi e proteggere il proprio patrimonio durante la pensione. L'assicurazione sulla vita è una forma di copertura assicurativa che offre protezione finanziaria per i propri cari in caso di morte prematura. Se si ha una famiglia o altre persone a carico, l'assicurazione sulla vita può fornire un aiuto finanziario per coprire le spese immediate, come le spese funebri o le spese per la gestione della casa. Inoltre, può anche fornire una rendita mensile ai beneficiari per un certo periodo di tempo, aiutando a coprire le spese quotidiane. È importante scegliere la quantità di copertura assicurativa in base alle proprie esigenze e alle esigenze della propria famiglia.

L'assicurazione sulla disabilità è un'altra forma di copertura assicurativa che può essere utile durante la pensione. Questo tipo di assicurazione fornisce una rendita mensile in caso di disabilità che impedisce di lavorare. Ciò può aiutare a coprire le spese quotidiane, come le bollette e le spese mediche, senza dover dipendere completamente dalle risorse finanziarie personali. È importante valutare attentamente le diverse opzioni di copertura assicurativa sulla disabilità per scegliere quella più adatta alle proprie esigenze. L'assicurazione sanitaria contribuisce a garantire la stabilità finanziaria durante la pensione. L'assicurazione sanitaria può aiutare a coprire le spese mediche, che possono diventare molto costose durante la vecchiaia, soprattutto per le visite urgenti dato la lentezza del Sistema Sanitario Nazionale. L'assicurazione sanitaria può aiutare a ridurre il carico finanziario associato alle spese mediche e garantire che si riceva la migliore cura possibile senza dover sacrificare altri aspetti della vita finanziaria.

Ricapitolando, la copertura assicurativa può essere una parte importante di una pianificazione finanziaria adeguata per la pensione. Tuttavia, è importante valutare attentamente le diverse opzioni di copertura assicurativa disponibili e scegliere quella più adatta alle proprie esigenze. Ciò può includere la valutazione dei costi, delle esigenze personali e della copertura assicurativa necessaria per garantire una copertura completa dei rischi finanziari durante la pensione. Con una pianificazione attenta e una selezione accurata delle opzioni di copertura assicurativa, è possibile garantire una maggiore stabilità finanziaria durante la pensione e un futuro finanziario più sicuro.

Parte 4: Strategie: creare ricchezza e raggiungere gli obiettivi finanziari

Come impostare gli obiettivi finanziari e lavorare per raggiungerli

Identificazione degli obiettivi finanziari

Impostare obiettivi finanziari è una parte cruciale del processo di gestione finanziaria. È il primo passo per creare una strategia finanziaria efficace che ti aiuti a raggiungere i tuoi obiettivi di vita. Senza obiettivi finanziari chiari e realistici, è facile perdere il controllo delle tue finanze e non riuscire a mettere da parte abbastanza denaro per i tuoi futuri bisogni finanziari.

L'identificazione degli obiettivi finanziari richiede una valutazione realistica delle tue attuali finanze e una comprensione delle tue esigenze e aspettative finanziarie per il futuro. Ciò può includere l'acquisto di una casa, il pagamento dei debiti, la creazione di un fondo di emergenza, il risparmio per l'istruzione dei figli, la creazione di un fondo per la pensione, la creazione di un'attività imprenditoriale, l'investimento in azioni o fondi comuni di investimento e altro ancora.

Una volta che hai identificato gli obiettivi finanziari, il passo successivo è quello di sviluppare un piano d'azione per raggiungerli. Ciò potrebbe includere la creazione di un budget realistico, l'identificazione delle risorse finanziarie disponibili, la selezione degli investimenti appropriati e la creazione di un piano di risparmio a lungo termine.

Una volta impostati gli obiettivi finanziari e sviluppato un piano d'azione, è importante monitorare regolarmente i progressi e apportare eventuali modifiche se necessario. Ciò significa controllare regolarmente il tuo budget e le tue spese per assicurarti di rispettare i tuoi obiettivi finanziari e apportare modifiche se necessario. Inoltre, è importante rivedere regolarmente gli investimenti per assicurarsi che siano ancora appropriati per i tuoi obiettivi finanziari e che stiano producendo i rendimenti desiderati.

Infine, è importante essere realistici nei propri obiettivi finanziari e nel piano d'azione per raggiungerli. Impostare obiettivi finanziari troppo elevati o pianificare un piano d'azione non realistico può portare a frustrazione e scoraggiamento. Inoltre, è importante essere pazienti e costanti nel perseguire i propri obiettivi finanziari. La creazione di ricchezza richiede tempo e impegno, ma con una pianificazione e una gestione finanziaria efficace, è possibile raggiungere i propri obiettivi finanziari e assicurare un futuro finanziario stabile.

Stabilire obiettivi finanziari specifici e realistici

Stabilire obiettivi finanziari specifici e realistici è un passo importante per raggiungere il successo finanziario. Impostare un obiettivo generale può dare una direzione, ma senza specificare l'obiettivo e senza avere un piano d'azione, il rischio di fallimento è molto alto.

Gli obiettivi specifici e realistici possono essere determinati in base alle proprie esigenze e capacità finanziarie. Ad esempio, risparmiare una somma specifica di denaro ogni mese per l'acquisto di una casa o un'auto, pianificare di eliminare un debito entro un determinato periodo di tempo, o risparmiare un importo prefissato per il pagamento della propria pensione.

È importante che gli obiettivi siano anche realistici. Impostare obiettivi troppo ambiziosi può essere scoraggiante e portare alla rinuncia. D'altra parte, obiettivi troppo facili da raggiungere non rappresentano una sfida e non forniscono un'opportunità di crescita finanziaria.

Inoltre, gli obiettivi finanziari dovrebbero essere specifici e misurabili. Ciò significa che dovrebbero essere definiti in termini quantitativi. Ad esempio, invece di impostare l'obiettivo generale di risparmiare denaro, si dovrebbe stabilire l'obiettivo specifico di risparmiare una quantità specifica di denaro ogni mese.

Ricorda di monitorare gli obiettivi finanziari e apportare eventuali modifiche se necessario. La vita può essere imprevedibile, e ci possono essere cambiamenti nell'economia e nella propria situazione finanziaria che richiedono un aggiustamento degli obiettivi finanziari. Il monitoraggio regolare può aiutare a mantenere gli obiettivi finanziari aggiornati e realistici.

Pianificazione del budget

La pianificazione del budget è un passo fondamentale per raggiungere gli obiettivi finanziari. In pratica, significa identificare le entrate e le uscite e allocare il denaro in modo efficiente per raggiungere gli obiettivi finanziari. Questo processo richiede un'analisi attenta delle finanze personali e un'attenzione particolare ai dettagli.

Il primo passo per pianificare il budget è determinare le entrate mensili, cioè il denaro che si guadagna ogni mese. Ciò può includere il salario, eventuali rendite o redditi passivi, o qualsiasi altro tipo di entrata regolare. Una volta identificate le entrate, è importante stabilire le uscite, cioè le spese mensili. Ciò può includere la casa, le bollette, il cibo, le spese per il trasporto e altre spese regolari.

È importante tener traccia di tutte le spese per determinare con precisione dove sta andando il denaro. Ciò può essere fatto tenendo un registro dettagliato delle spese o utilizzando strumenti di budgeting come le app per il monitoraggio delle spese. Una volta che si conoscono le entrate e le uscite, si può iniziare ad allocare il denaro in modo più efficace.

In primo luogo, è importante stabilire gli obiettivi finanziari a breve e lungo termine. Ciò può includere l'acquisto di una casa, il risparmio per la pensione o il pagamento dei debiti. Una volta identificati gli obiettivi finanziari, si può stabilire un piano per raggiungerli. Ad esempio, se si vuole acquistare una casa, si può stabilire un obiettivo di risparmio mensile e cercare di ridurre le spese non essenziali per aumentare il budget disponibile. È importante essere realistici riguardo alla pianificazione del budget e agli obiettivi finanziari. Ad esempio, se si ha un budget limitato, può essere necessario ridurre le spese non essenziali o cercare di aumentare le entrate per raggiungere gli obiettivi finanziari. Tuttavia, è importante anche mantenere un equilibrio tra la gestione delle finanze personali e il godimento della vita. Infine, è importante tenere il budget sotto controllo monitorando regolarmente le entrate e le uscite e apportando modifiche se necessario. Ciò può includere la riduzione delle spese non essenziali o l'aumento delle entrate attraverso un lavoro supplementare o altre opportunità di guadagno.

Risparmio regolare

Il risparmio regolare è una pratica essenziale per raggiungere gli obiettivi finanziari, in quanto consente di accumulare denaro nel tempo e di garantire la stabilità finanziaria. Risparmiare regolarmente è un'abitudine che richiede costanza e disciplina, ma può portare a grandi risultati a lungo termine.

Per prima cosa, è importante stabilire un budget e individuare le voci di spesa per le quali è possibile ridurre le spese. Ad esempio, ridurre le uscite superflue come abbonamenti inutilizzati, cene fuori, acquisti impulsivi e altre spese di lusso può liberare fondi da destinare al risparmio.

Una volta stabilito un budget realistico, è importante identificare una percentuale delle entrate da destinare al risparmio. Anche se può sembrare difficile risparmiare ogni mese, stabilire un obiettivo di risparmio regolare può contribuire a rendere il processo più semplice e prevedibile.

Esistono diverse strategie di risparmio che possono essere utilizzate per aiutare a raggiungere gli obiettivi finanziari. Ad esempio, l'automatizzazione del risparmio può essere utile, come ad esempio la creazione di un piano di risparmio automatico che preleva una determinata somma di denaro dal proprio conto corrente ogni mese e la trasferisce in un conto di risparmio dedicato. Una strategia di risparmio che può essere particolarmente utile per il raggiungimento degli obiettivi finanziari a breve termine è il "sistema degli envelops". Questa tecnica prevede l'utilizzo di buste separate per ogni voce di spesa, ad esempio affitto, bollette, spese alimentari, divertimento, etc., ognuna delle quali contiene una somma di denaro destinata a quella specifica spesa. In questo modo, è possibile monitorare facilmente le spese e capire se ci si sta muovendo verso gli obiettivi finanziari.

Bisogna sempre mantenere un atteggiamento positivo e perseverare nel risparmio regolare, anche quando sembra difficile o scoraggiante. Stabilire obiettivi chiari e realistici e monitorare i progressi può aiutare a mantenere la motivazione e la disciplina necessarie per raggiungere i propri obiettivi finanziari a lungo termine.

Riduzione delle spese superflue

Ridurre le spese superflue è uno dei modi più efficaci per liberare denaro e raggiungere gli obiettivi finanziari. Spesso, molte persone spendono denaro in modo impensato o su cose che non sono realmente necessarie. Tuttavia, eliminando queste spese, si può risparmiare denaro e investire in cose che sono importanti.

La prima cosa da fare per ridurre le spese superflue è identificarle.

Questo può essere fatto guardando i conti bancari e le carte di credito per individuare dove il denaro viene speso. Inoltre, si può tenere traccia delle spese per un mese o due per avere una migliore comprensione di come viene speso il denaro.

Una volta identificate le spese superflue, è importante tagliarle. Ciò può significare ridurre il numero di volte in cui si mangia fuori, tagliare gli abbonamenti inutili o trovare modi per ridurre le bollette. Ad esempio, è possibile risparmiare denaro su bollette come l'elettricità e l'acqua installando dispositivi efficienti dal punto di vista energetico o riducendo l'uso dell'acqua calda. Esistono molte altre strategie che possono essere utilizzate per ridurre le spese. Ad esempio, si può scegliere di acquistare prodotti a prezzo scontato o di seconda mano invece di quelli nuovi. In questo modo, si può risparmiare denaro senza dover sacrificare la qualità. Inoltre, si può considerare l'utilizzo di app e strumenti che aiutano a risparmiare denaro come i coupon o le carte fedeltà.

Ridurre le spese superflue può sembrare difficile all'inizio, ma con il tempo diventa più facile. Inoltre, ridurre le spese superflue può essere un'ottima occasione per imparare a gestire il proprio denaro in modo più efficace e sviluppare abitudini di risparmio a lungo termine.

Utilizzo di strumenti finanziari

L'utilizzo di strumenti finanziari appropriati è fondamentale per raggiungere gli obiettivi finanziari. I conti di risparmio automatico, ad esempio, sono un ottimo strumento per risparmiare denaro regolarmente e in modo costante. Inoltre, consentono di automatizzare il processo di risparmio, semplificando la vita finanziaria e riducendo il rischio di dimenticare di risparmiare. Ciò significa che il denaro viene prelevato direttamente dal conto corrente ogni mese e trasferito sul conto di risparmio automatico, rendendo più facile il risparmio regolare e consistente.

Gli investimenti a lungo termine sono un altro strumento finanziario che può aiutare a raggiungere gli obiettivi finanziari. Gli investimenti a lungo termine offrono la possibilità di guadagnare interessi composti e di beneficiare dell'apprezzamento del valore degli asset nel tempo. Tuttavia, è importante scegliere gli investimenti appropriati in base agli obiettivi finanziari e al proprio livello di rischio.

Ad esempio, se si sta risparmiando per la pensione, si potrebbe scegliere di investire in fondi pensione o in azioni a basso rischio, che offrono un equilibrio tra rischio e rendimento. Se invece si sta risparmiando per l'acquisto di una casa, si potrebbe scegliere di investire in un fondo di investimento immobiliare (REIT), che consente di investire in immobili a livello commerciale o residenziale. È importante consultare un consulente finanziario per selezionare gli investimenti appropriati in base agli obiettivi finanziari e al proprio profilo di rischio.

Anche considerare l'orizzonte temporale degli investimenti è buona norma. Gli investimenti a breve termine, ad esempio, potrebbero essere più appropriati per gli obiettivi finanziari a breve termine, come l'acquisto di un'auto o una vacanza. Gli investimenti a lungo termine, d'altra parte, potrebbero essere più appropriati per obiettivi finanziari a lungo termine, come la pensione o l'acquisto di una casa.

Infine, è importante monitorare regolarmente gli investimenti e apportare eventuali modifiche al portafoglio di investimento se necessario. Ciò significa controllare il rendimento degli investimenti e assicurarsi che siano ancora appropriati per le proprie esigenze finanziarie. In generale, gli investimenti a lungo termine richiedono una maggiore tolleranza al rischio rispetto agli investimenti a breve termine, ma possono offrire un rendimento più elevato nel corso del tempo.

Valutazione regolare degli obiettivi finanziari

La valutazione regolare degli obiettivi finanziari è un'attività importante per raggiungere i propri obiettivi a lungo termine. Molte persone non riescono a raggiungere i loro obiettivi finanziari perché non li valutano regolarmente. Se non si controllano i progressi verso gli obiettivi finanziari, non si sa se si sta andando nella giusta direzione o se si sta andando fuori strada.

Per valutare regolarmente gli obiettivi finanziari, è importante tenere traccia dei progressi e delle spese. Ciò può includere la creazione di un foglio di calcolo o l'utilizzo di un'app per la gestione delle finanze personali. Ci sono molte app disponibili sul mercato che aiutano a tracciare le spese e a monitorare il risparmio. In questo modo, si può facilmente vedere dove il denaro viene speso e dove si potrebbe risparmiare.

Inoltre, è importante apportare modifiche ai piani finanziari se necessario. Ciò significa essere flessibili e disposti a modificare i propri obiettivi finanziari se la situazione lo richiede. Ad esempio, se si perde il lavoro o si verifica un'imprevista spesa medica, potrebbe essere necessario modificare il piano finanziario per adattarsi alla nuova situazione. Invece di arrendersi e abbandonare gli obiettivi finanziari, è possibile apportare modifiche per garantire il successo a lungo termine.

Se necessario è bene stabilire nuovi obiettivi, cioè continuare a spingersi oltre gli obiettivi finanziari attuali e trovare nuove sfide per raggiungere la ricchezza a lungo termine. Anche se si raggiunge un obiettivo finanziario, ci sono sempre nuovi obiettivi da raggiungere. Ad esempio, una volta raggiunto l'obiettivo di risparmiare per l'acquisto di una casa, si può impostare un nuovo obiettivo finanziario, come l'investimento in un'attività o il risparmio per la pensione.

Coinvolgimento di un consulente finanziario

Coinvolgere un consulente finanziario può essere una scelta saggia per coloro che desiderano raggiungere i propri obiettivi finanziari. Un consulente finanziario è un professionista che ha esperienza e conoscenza del settore finanziario e può offrire consigli su come gestire i propri soldi e raggiungere i propri obiettivi finanziari.

Un consulente finanziario può aiutare a identificare gli obiettivi finanziari, valutare il proprio stato finanziario attuale e definire un piano d'azione per raggiungere quegli obiettivi. Inoltre, può aiutare a creare un budget realistico, selezionare gli strumenti finanziari appropriati e monitorare il progresso verso gli obiettivi finanziari.

I consulenti finanziari possono offrire una vasta gamma di servizi finanziari, tra cui la pianificazione del patrimonio, l'investimento, l'assicurazione e la pianificazione della pensione. La scelta del tipo di consulente finanziario giusto dipenderà dalle esigenze e dagli obiettivi individuali. Ci sono molti vantaggi nell'assumere un consulente finanziario, come il fatto che possono fornire una prospettiva imparziale e professionale sulle decisioni finanziarie e che possono tenere traccia delle fluttuazioni del mercato finanziario per mantenere i propri investimenti al sicuro e guadagnare il massimo profitto. Tuttavia, è importante scegliere un consulente finanziario che sia affidabile e competente. Ci sono alcuni suggerimenti che possono aiutare nella scelta del consulente finanziario giusto, come verificare le referenze, le credenziali e le autorizzazioni. Inoltre, è importante scegliere un consulente finanziario che si adatti alle proprie esigenze e ai propri obiettivi finanziari.

Come fare una buona gestione del denaro e aumentare i guadagni

Identificare le entrate e le uscite

Identificare le entrate e le uscite è il primo passo fondamentale per una buona gestione del denaro. Avere una chiara comprensione di quanto si guadagna e di quanto si spende è essenziale per prendere decisioni finanziarie informate e raggiungere gli obiettivi finanziari desiderati.

Identificare le entrate è relativamente facile: si tratta di tutte le fonti di denaro che entrano nel proprio conto corrente, come lo stipendio, gli introiti da investimenti o da lavoro autonomo. Tuttavia, identificare le uscite può essere un po' più complicato, poiché spesso non ci si rende conto di tutte le piccole spese quotidiane che alla fine possono avere un impatto significativo sul proprio bilancio.

Una buona pratica per identificare le uscite è quella di tenere un registro delle spese. Ciò può essere fatto in modo tradizionale con una penna e un quaderno, oppure utilizzando una delle numerose app per la gestione del denaro disponibili sul mercato. L'obiettivo è di registrare ogni singolo acquisto o spesa effettuata, indipendentemente dalla sua entità. In questo modo, sarà possibile avere una panoramica completa delle proprie abitudini di spesa.

Una volta identificate le entrate e le uscite, si può creare un bilancio. Il bilancio è uno strumento utile per avere una panoramica delle proprie finanze e capire come allocare il proprio denaro in modo efficace. Nel bilancio, le entrate sono elencate nella prima colonna, mentre le uscite sono elencate nella seconda colonna. Sottraendo le uscite dalle entrate si ottiene il saldo disponibile.

Creare un bilancio regolarmente è importante per capire come il proprio denaro viene speso. Ciò permette di individuare eventuali abitudini di spesa che possono essere cambiate per risparmiare denaro, ad esempio riducendo gli acquisti impulsivi o le spese per ristoranti e bar.

Creare un budget

Creare un budget è uno dei passi fondamentali per una buona gestione del denaro e una delle strategie più efficaci per raggiungere i propri obiettivi finanziari. Un budget aiuta a identificare le entrate e le uscite, a pianificare le spese e a ridurre gli sprechi, permettendo di avere una visione completa della propria situazione finanziaria. La creazione di un budget può sembrare un compito noioso e complicato, ma in realtà è abbastanza semplice. Il primo passo è quello di identificare le fonti di reddito, ovvero le entrate mensili. Queste includono il salario, eventuali bonus o commissioni, rendite, ecc. Una volta identificate le entrate, è importante passare alle uscite.

Le uscite possono essere suddivise in categorie, come spese fisse (ad esempio l'affitto, l'energia elettrica, l'acqua, ecc.), spese variabili (ad esempio cibo, trasporti, abbigliamento, ecc.), spese occasionali (ad esempio regali, vacanze, abbonamenti, ecc.), e debiti (ad esempio mutui, prestiti, carte di credito, ecc.). Una volta identificate tutte le categorie di spesa, è possibile pianificare il budget assegnando una quantità di denaro a ciascuna categoria. È importante assicurarsi di stabilire limiti di spesa realistici e sostenibili per ogni categoria, in modo da avere una visione realistica del proprio budget e garantire che sia fattibile a lungo termine. Inoltre, tenere traccia delle spese è altrettanto importante. Esistono diverse applicazioni e software per la gestione del budget che possono aiutare a tenere traccia delle spese e ad attenersi al budget.

Creare un budget non solo aiuta a ridurre gli sprechi, ma può anche liberare denaro per raggiungere gli obiettivi finanziari. Ad esempio, se il budget rivela che si spendono troppi soldi per mangiare fuori, è possibile tagliare le uscite in questa categoria e destinare quei soldi a un altro obiettivo finanziario, come risparmiare per l'acquisto di una casa o per la pensione.

Oltre questo, la creazione di un budget è un modo per monitorare la propria situazione finanziaria e avere una visione a lungo termine delle proprie finanze. Ciò permette di identificare eventuali problemi finanziari prima che diventino problemi maggiori e di adottare strategie per evitarli.

Ridurre le spese

Ridurre le spese è un modo semplice e diretto per migliorare la gestione del denaro e aumentare i guadagni. Molte persone non si rendono conto di quanto denaro possano risparmiare:

- tagliando le spese superflue
- riducendo quelle necessarie

Il primo passo per ridurre le spese è identificare quali spese possono essere tagliate. Ci sono molte spese che sembrano piccole, ma che alla fine dell'anno possono accumularsi in un'importante quantità di denaro. Ad esempio, prendere il caffè al bar invece di prepararlo a casa, acquistare quotidiani o riviste che non si leggono o non si utilizzano eccessivamente, abbonamenti a servizi che non si utilizzano molto spesso.

Oltre alle spese superflue, è possibile anche ridurre le spese necessarie. Ciò significa cercare modi per risparmiare sui costi dei beni e servizi necessari. Ad esempio, cercare offerte o sconti per l'acquisto di generi alimentari, acquistare prodotti in grandi quantità, fare il prezzo quando si acquistano beni o servizi costosi come un nuovo elettrodomestico, un'auto o una casa. Inoltre, è possibile risparmiare denaro riducendo le spese per l'energia, l'acqua e il gas. Ad esempio, spegnere le luci quando non si utilizzano, utilizzare programmi di lavaggio a basso consumo energetico, spegnere i dispositivi elettronici quando non sono in uso.

Ridurre le spese è un'abitudine importante per migliorare la gestione del denaro e aumentare i guadagni. Se si riducono le spese e si risparmia denaro, si può utilizzare tale risparmio per raggiungere obiettivi finanziari, come il pagamento dei debiti, l'acquisto di una casa o il risparmio per la pensione. Inoltre, ridurre le spese può essere un modo efficace per ridurre lo stress finanziario e vivere in modo più sostenibile dal punto di vista economico.

Creare un fondo di emergenza

Creare un fondo di emergenza è un passo importante per una buona gestione del denaro, in quanto aiuta a garantire una maggiore sicurezza finanziaria in caso di imprevisti. L'idea alla base del fondo di emergenza è quella di risparmiare un importo di denaro che possa coprire le spese impreviste che possono presentarsi durante il corso della vita.

In genere, gli esperti finanziari consigliano di risparmiare tra tre e sei mesi di spese di base in un fondo di emergenza. Ciò significa considerare i costi di base per mantenere la casa, come affitto o mutuo, bollette, cibo e altre spese essenziali. Una volta stabilito l'importo necessario per il fondo di emergenza, è possibile creare un piano per risparmiare regolarmente, anche solo una piccola percentuale della propria entrata ogni mese.

Ci sono diverse opzioni disponibili per creare un fondo di emergenza, tra cui i conti di risparmio ad alto rendimento, i conti correnti senza commissioni e i conti del mercato monetario. È importante considerare il tasso di interesse e le eventuali spese quando si seleziona il conto in cui depositare il denaro del fondo di emergenza. Inoltre, è importante ricordare di utilizzare il fondo di emergenza solo per situazioni effettivamente impreviste e non per spese non essenziali o prevedibili. Ad esempio, utilizzare il fondo di emergenza per un viaggio o per l'acquisto di un nuovo elettrodomestico non è un uso appropriato dei fondi.

Pianificare gli investimenti

Pianificare gli investimenti è una strategia importante per aumentare i guadagni e far crescere il proprio patrimonio finanziario. Tuttavia, per ottenere i migliori risultati, è importante pianificare attentamente gli investimenti e selezionare gli strumenti finanziari appropriati in base alle proprie esigenze finanziarie e ai propri obiettivi.

Il primo passo per pianificare gli investimenti è identificare gli obiettivi finanziari a lungo termine. Ad esempio, si può voler risparmiare per la pensione, per l'acquisto di una casa o per l'istruzione dei propri figli. Una volta identificati gli obiettivi finanziari, è importante stabilire una strategia di investimento che consenta di raggiungere tali obiettivi.

Ci sono diversi strumenti finanziari disponibili per gli investimenti, come ad esempio azioni, obbligazioni, fondi comuni di investimento, ETF, e molto altro ancora. Ogni strumento finanziario ha i propri vantaggi e svantaggi, e la scelta dell'investimento dipende dalle esigenze finanziarie e dagli obiettivi dell'investitore.

Per esempio, se si desidera un investimento a basso rischio, le obbligazioni sono un'opzione interessante. Le obbligazioni sono titoli di debito emessi da un'azienda o da un ente governativo, che pagano un tasso di interesse fisso per un determinato periodo di tempo. Tuttavia, il rendimento delle obbligazioni è generalmente inferiore rispetto ad altri strumenti finanziari, come le azioni.

Se invece si è disposti ad assumere un rischio maggiore, le azioni possono essere un'opzione interessante. Le azioni rappresentano una quota di proprietà di un'azienda e il loro valore può aumentare o diminuire in base alle prestazioni dell'azienda. Tuttavia, il prezzo delle azioni può essere volatile e non è garantito un rendimento fisso.

I fondi comuni di investimento sono un'altra opzione interessante per gli investimenti. Un fondo comune di investimento è costituito da una raccolta di denaro da parte di diversi investitori, che viene utilizzata per acquistare una serie di strumenti finanziari. In questo modo, gli investitori possono ottenere una maggiore diversificazione del loro portafoglio e quindi ridurre il rischio complessivo dell'investimento. In ogni caso, quando si pianificano gli investimenti, è importante tenere a mente che ogni investimento comporta un certo livello di rischio. Pertanto, è importante valutare attentamente i propri obiettivi finanziari e il proprio livello di tolleranza al rischio prima di selezionare gli strumenti finanziari per gli investimenti.

Infine, è importante monitorare regolarmente il proprio portafoglio di investimenti e apportare eventuali modifiche se necessario. I mercati finanziari possono essere volatili e gli investimenti possono fluttuare di valore nel tempo. Pertanto, è importante mantenere una visione a lungo termine e apportare le opportune modifiche al portafoglio in base alle condizioni di mercato e ai propri obiettivi finanziari.

Imparare a negoziare

Imparare a negoziare è un aspetto importante per una buona gestione del denaro e per aumentare i guadagni. Negli ultimi anni, l'arte della negoziazione ha assunto un'importanza sempre maggiore in tutti gli aspetti della vita, sia personale che professionale.

Negli affari, la negoziazione è fondamentale per ottenere i migliori accordi possibili per la propria attività. Inoltre, imparare a negoziare può aiutare a risparmiare denaro su acquisti di beni e servizi personali, ad esempio su un'auto o su una casa, o ad ottenere un prezzo migliore sui servizi.

Ci sono alcune strategie che possono essere utilizzate per imparare a negoziare efficacemente:

- Preparazione: prima di entrare in una negoziazione, è importante prepararsi in modo adeguato. Ciò significa capire i propri obiettivi e la propria posizione, nonché la posizione della controparte. Inoltre, è importante fare ricerche sul valore del prodotto o del servizio oggetto della negoziazione e sulle condizioni del mercato.
- Ascolto attivo: durante la negoziazione, è importante ascoltare attentamente l'altra parte e cercare di capire le sue esigenze e le sue preoccupazioni. In questo modo, si può trovare un accordo che sia vantaggioso per entrambe le parti.
- Flessibilità: essere flessibili durante la negoziazione può essere utile per trovare una soluzione che soddisfi entrambe le parti. Ciò significa essere disposti a concedere qualcosa in cambio di qualcos'altro.
- Saper dire di no: è importante saper dire di no durante la negoziazione se l'accordo proposto non è vantaggioso per la propria attività o per la propria situazione personale.
- Saper gestire le emozioni: durante la negoziazione, è importante gestire le emozioni e mantenere la calma. Ciò significa evitare di reagire in modo impulsivo e di lasciarsi sopraffare dalle emozioni.

Cercare nuove opportunità di lavoro

Cercare nuove opportunità di lavoro può essere un modo efficace per aumentare i guadagni e migliorare la propria situazione finanziaria. Ci sono diverse strategie che possono essere adottate per trovare nuove opportunità di lavoro e migliorare la propria situazione finanziaria.

La prima cosa da fare è identificare i propri obiettivi di carriera e lavorare per acquisire le competenze necessarie per raggiungerli. Ciò può significare prendere dei corsi di formazione, acquisire esperienze di lavoro specifiche o fare rete con professionisti del settore. È anche importante tenere d'occhio le opportunità di lavoro disponibili e fare richiesta per i posti di lavoro appropriati. Ci sono diverse fonti che possono essere utilizzate per cercare lavoro, come i siti web di ricerca lavoro, le agenzie di collocamento, i social media e le reti di contatti professionali.

Inoltre, si può considerare la possibilità di lavorare a tempo parziale o di fare lavoro freelance. Queste opzioni possono offrire flessibilità e la possibilità di guadagnare denaro extra. È anche buona cosa essere disposti a spostarsi o a considerare opportunità di lavoro in altre città o paesi. Ciò può comportare dei sacrifici, ma può anche offrire nuove possibilità e opportunità di carriera.

Investire in se stessi

Investire in se stessi è un modo importante per aumentare i guadagni a lungo termine e migliorare la propria situazione finanziaria. Ciò significa acquisire nuove competenze e conoscenze, che possono aumentare il proprio valore sul mercato del lavoro e offrire opportunità di guadagno più elevate.

Ci sono molti modi in cui è possibile investire in se stessi. Uno dei modi più comuni è l'istruzione formale, come l'università o la formazione professionale. L'acquisizione di una laurea o di una certificazione può aumentare il proprio valore sul mercato del lavoro e aprire nuove opportunità di carriera. Tuttavia, l'istruzione formale può anche essere costosa, quindi è importante valutare attentamente i costi e i benefici prima di prendere una decisione.

Oltre all'istruzione formale, ci sono molte altre opportunità per investire in se stessi. Ad esempio, si può partecipare a corsi di formazione online, frequentare seminari e conferenze, leggere libri e riviste sul proprio settore di interesse, o trovare un mentore che possa offrire consigli e supporto professionale. L'acquisizione di nuove competenze non si limita solo al proprio campo di lavoro attuale. Potrebbe essere utile imparare nuove lingue, acquisire competenze in informatica, migliorare le proprie capacità di comunicazione o sviluppare un'attività secondaria che offra un guadagno aggiuntivo.

Investire in se stessi richiede tempo, impegno e risorse finanziarie, ma può offrire grandi vantaggi a lungo termine, portare a un aumento dei guadagni e anche migliorare la qualità della vita e la soddisfazione professionale. Può eessere un'opportunità per trovare un equilibrio tra la vita lavorativa e quella privata. Ad esempio, partecipare a un corso di yoga o frequentare una classe di cucina può aiutare a ridurre lo stress e migliorare il benessere generale, il che può a sua volta portare a un maggiore successo professionale.

Utilizzare i bonus e le commissioni in modo efficace

Utilizzare i bonus e le commissioni in modo efficace può fare la differenza nella gestione del denaro e nell'ottenimento dei risultati finanziari desiderati. In primo luogo, è importante comprendere che i bonus e le commissioni sono entrate extra rispetto al proprio stipendio base. Di conseguenza, possono essere utilizzati per raggiungere gli obiettivi finanziari o migliorare la propria situazione finanziaria in generale.

Una buona pratica è quella di pianificare in anticipo come si intende utilizzare queste entrate extra. Prima di ricevere il bonus o la commissione, si dovrebbe stabilire un obiettivo finanziario specifico su cui concentrarsi, ad esempio il pagamento del debito o l'investimento in un fondo pensionistico. In questo modo, è più probabile che queste entrate vengano utilizzate in modo efficace e si evita di spenderle in modo impulsivo. Le entrate extra come i bonus o le commissioni possono essere utilizzate per costruire un fondo di emergenza. Un fondo di emergenza è un risparmio di denaro destinato a far fronte a spese impreviste o a situazioni di difficoltà finanziaria, come la perdita del lavoro o una spesa medica imprevista. Utilizzare una parte del bonus o della commissione per creare o aumentare il fondo di emergenza può fornire una maggiore sicurezza finanziaria.

Un'altra strategia è quella di utilizzare i bonus e le commissioni per pagare i debiti. I debiti con interessi elevati come le carte di credito possono diventare un peso finanziario significativo, quindi utilizzare queste entrate extra per pagare i debiti può aiutare a ridurre l'importo degli interessi pagati e accelerare il processo di pagamento del debito. Si possono utilizzare i bonus e le commissioni per investire anche in un piano pensionistico per fornire maggiori benefici a lungo termine.

Evitare le trappole finanziarie e proteggere il proprio patrimonio

Riconoscere le trappole finanziarie

Il riconoscimento delle trappole finanziarie è essenziale per proteggere il proprio patrimonio. Ci sono molte trappole finanziarie, come le truffe, le carte di credito con interessi elevati e le offerte di investimento troppo buone per essere vere. Le truffe finanziarie sono sempre state un problema per le persone, ma con l'avvento di internet, la portata delle truffe finanziarie si è ampliata notevolmente. Le truffe finanziarie possono essere presentate in molti modi diversi, come ad esempio e-mail di phishing, chiamate di phishing e messaggi di testo di phishing. Le carte di credito con interessi elevati sono un'altra trappola finanziaria che può causare gravi problemi finanziari. Le carte di credito con tassi di interesse elevati possono aumentare rapidamente il saldo a causa dell'interesse accumulato, rendendo difficile il pagamento del debito.

Inoltre, ci sono molte offerte di investimento troppo buone per essere vere. Queste offerte di investimento promettono rendimenti elevati in un breve periodo di tempo, ma in realtà sono truffe. Le truffe di investimento sono sempre esistite, ma con la crescente popolarità delle criptovalute, le truffe di investimento in criptovalute sono diventate comuni. Queste truffe di investimento in criptovalute promettono rendimenti elevati in un breve periodo di tempo, ma in realtà sono solo modi per truffare le persone.

Per evitare queste trappole finanziarie, è importante fare attenzione alle offerte che sembrano troppo buone per essere vere. Leggere i termini e le condizioni dei prodotti finanziari è importante per evitare di incorrere in costi nascosti o tassi di interesse elevati. Inoltre, è importante non fornire informazioni personali o finanziarie a persone o aziende non verificate.

Fare la dovuta diligenza

Fare la dovuta diligenza è un passo fondamentale per evitare le trappole finanziarie e proteggere il proprio patrimonio. La dovuta diligenza è un processo di ricerca e analisi delle informazioni disponibili per valutare la fattibilità e la sicurezza di un'offerta di investimento o di credito. Ci sono diversi modi per fare la dovuta diligenza, e alcuni dei principali includono la ricerca online, l'analisi delle statistiche di mercato, la lettura di recensioni e la consultazione di esperti finanziari.

La ricerca online è uno dei modi più comuni per fare la dovuta diligenza. Ci sono molte fonti di informazioni disponibili online, come forum di investimento, blog finanziari e siti web di consulenti finanziari. Queste fonti possono fornire informazioni sui prodotti finanziari e sui loro rendimenti storici, così come sui rischi associati a un particolare investimento. Tuttavia, è importante tenere presente che molte fonti online possono essere inaffidabili o fuorvianti, quindi è importante verificare le informazioni attraverso fonti multiple e affidabili.

Un altro modo per fare la dovuta diligenza è analizzare le statistiche di mercato. Ci sono molte fonti di dati di mercato disponibili, come rapporti di ricerca di analisti finanziari e dati sui prezzi delle azioni. L'analisi delle statistiche di mercato può aiutare a valutare le opportunità di investimento, ma è importante tenere presente che il passato non è sempre un indicatore affidabile del futuro, quindi è importante considerare anche altri fattori, come l'andamento economico e le tendenze del settore.

La lettura di recensioni può anche aiutare a fare la dovuta diligenza. Ci sono molte fonti di recensioni, come recensioni dei clienti, recensioni di esperti e rapporti di organizzazioni di rating indipendenti. Le recensioni possono fornire informazioni sulle esperienze degli investitori o dei consumatori con un determinato prodotto o servizio, ma è importante considerare anche il contesto e la fonte della recensione.

Non dimenticare mai che anche consultare un esperto finanziario può aiutare a fare la dovuta diligenza. Un consulente finanziario può aiutare a valutare le opportunità di investimento e ad individuare eventuali rischi o problemi. Tuttavia, è importante selezionare un consulente finanziario affidabile e qualificato e fare la dovuta diligenza anche sulla sua esperienza e le sue credenziali.

Utilizzare una carta di credito con saggezza

Utilizzare una carta di credito con saggezza è un passo importante per evitare le trappole finanziarie e proteggere il proprio patrimonio. Molti di noi usano le carte di credito per fare acquisti e ottenere premi e benefici, ma se non utilizzate in modo responsabile, le carte di credito possono rapidamente portare a debiti eccessivi e tassi di interesse elevati. Per evitare queste trappole finanziarie, è importante utilizzare le carte di credito in modo saggio e responsabile.

Innanzitutto, è importante utilizzare la carta di credito solo quando necessario. Ciò significa evitare di utilizzare la carta per acquisti impulsivi o per spese che possono essere coperte con denaro contante. Inoltre, è importante evitare di accumulare debiti sulla carta di credito. Ciò significa pagare sempre il saldo in modo tempestivo e utilizzare la carta solo se si dispone dei fondi necessari per pagare il saldo. Se si accumulano debiti sulla carta di credito, si possono incorrere in tassi di interesse elevati, che possono rapidamente portare a un accumulo di debiti. Oltre a questo, è importante leggere attentamente i termini e le condizioni della carta di credito. Ciò significa comprendere il tasso di interesse sulla carta, le spese di utilizzo e le scadenze dei pagamenti. Inoltre, è importante comprendere i premi e i benefici offerti dalla carta di credito. Ad esempio, alcune carte di credito offrono punti o miglia aeree per gli acquisti effettuati con la carta. Tuttavia, è importante assicurarsi che questi premi siano utili e non si finisca per spendere denaro su cose inutili solo per guadagnare premi.

Infine, è importante utilizzare una carta di credito con un limite di credito adeguato. Ciò significa evitare di avere una linea di credito troppo alta, in quanto può essere facile cadere nella tentazione di spendere di più di quanto ci si può permettere. Inoltre, è importante evitare di richiedere troppo spesso l'aumento del limite di credito sulla carta, in quanto ciò può portare a una maggiore esposizione al rischio di debiti eccessivi.

Proteggere le informazioni personali

La protezione delle informazioni personali è diventata sempre più importante in un mondo digitale in cui le informazioni possono essere facilmente condivise e intercettate. Proteggere le informazioni personali è anche un modo per evitare le trappole finanziarie. Ciò significa non condividere le informazioni personali con estranei e proteggere le informazioni finanziarie con password robuste e protezione antivirus. Ci sono alcune misure che si possono adottare per proteggere le informazioni personali e finanziarie. Una delle prime cose da fare è utilizzare password robuste e mai utilizzare la stessa password per più account. Le password robuste dovrebbero includere una combinazione di lettere maiuscole e minuscole, numeri e caratteri speciali. Inoltre, è importante cambiare le password regolarmente, almeno ogni sei mesi. Altre misure di protezione includono l'utilizzo di software antivirus e antispyware e la messa in atto di una politica di condivisione di informazioni personali limitata. Ciò significa che si dovrebbe evitare di fornire informazioni personali, come il numero di previdenza sociale o le informazioni sulla carta di credito, a persone o aziende che non si conoscono o non si fidano.

È anche importante prestare attenzione alle e-mail di phishing. Le e-mail di phishing sono e-mail fraudolente che cercano di ottenere informazioni personali o finanziarie dai destinatari. Tali e-mail spesso sembrano provenire da fonti legittime, come banche o società di carte di credito, ma contengono link o allegati dannosi. Pertanto, è importante non cliccare su link sospetti o scaricare allegati da e-mail di phishing. Infine, è possibile proteggere le informazioni personali e finanziarie controllando regolarmente i conti finanziari e le carte di credito. Ciò significa monitorare le transazioni e segnalare eventuali attività sospette alle autorità competenti.

Evitare l'indebitamento eccessivo

Evitare l'indebitamento eccessivo è una parte importante della protezione del proprio patrimonio e della gestione delle finanze personali. L'indebitamento può derivare da vari fattori, come l'acquisto di beni di lusso, la mancanza di un budget, le spese impreviste o una riduzione del reddito. In ogni caso, il debito può avere un impatto negativo sulle finanze personali e sulla salute finanziaria generale.

L'indebitamento può:

- portare a pagamenti di interessi elevati e a un aumento del costo totale del debito nel tempo. I prestiti con interessi elevati, come quelli delle carte di credito, possono accumulare debiti eccessivi in breve tempo, portando a un aumento del pagamento degli interessi e a una diminuzione del denaro disponibile per altri obiettivi finanziari.
- influire sulla capacità di risparmio a lungo termine e sul raggiungimento degli obiettivi finanziari. Ad esempio, il pagamento di rate del debito può limitare la capacità di risparmiare denaro per l'acquisto di una casa, la creazione di un fondo di emergenza o il risparmio per la pensione. Inoltre, il pagamento del debito può portare a una riduzione delle opportunità di investimento e di crescita del patrimonio.
- influire sulla salute finanziaria a lungo termine e sulla capacità di accedere al credito in futuro. I prestiti con pagamenti in ritardo o mancati pagamenti possono influire negativamente sulla valutazione creditizia, limitando la capacità di accedere a prestiti futuri o ad altri servizi finanziari.

Per evitare l'indebitamento eccessivo, è importante creare un budget e identificare le spese necessarie e quelle superflue. Ciò può aiutare a limitare le spese e a evitare di accumulare debiti eccessivi. Inoltre, è importante valutare la necessità di un acquisto e se sia possibile attenderlo o se è possibile trovare alternative meno costose. Un altro modo per evitare l'indebitamento eccessivo è quello di utilizzare il credito in modo responsabile e solo per gli acquisti necessari. Ciò significa evitare di accumulare debiti elevati sulle carte di credito e di utilizzare solo prestiti con tassi di interesse ragionevoli e un piano di rimborso accessibile.

Assicurare il patrimonio

Assicurare il proprio patrimonio è un passo importante per proteggere la propria situazione finanziaria e la propria tranquillità mentale. Gli incidenti e le emergenze possono accadere in qualsiasi momento e senza preavviso, e l'assicurazione può aiutare a coprire i costi associati a tali situazioni.

Le principali forme assicurative sono:

1. L'assicurazione sulla casa è una forma di copertura che protegge la casa e il suo contenuto contro i danni causati da eventi come incendi, inondazioni, furti e altri incidenti. Ci sono molte opzioni di assicurazione disponibili, tra cui la copertura di base per danni alla proprietà e la copertura aggiuntiva per oggetti di valore, come gioielli e opere d'arte.
2. L'assicurazione sanitaria è un'altra forma di copertura importante per proteggere il proprio patrimonio. L'assicurazione sanitaria può coprire le spese mediche associate a visite mediche, cure ospedaliere, farmaci e altri trattamenti medici. Ci sono molte opzioni di assicurazione sanitaria disponibili, tra cui l'assicurazione offerta dai datori di lavoro, l'assicurazione individuale e l'assicurazione governativa.
3. L'assicurazione sulla vita è un'altra forma di copertura che può proteggere il proprio patrimonio e la propria famiglia. L'assicurazione sulla vita può aiutare a coprire le spese della famiglia in caso di morte del sostentamento familiare, come il pagamento del mutuo o delle bollette. Ci sono molte opzioni di assicurazione sulla vita disponibili, tra cui l'assicurazione temporanea a termine e l'assicurazione permanente.

Inoltre, esistono anche altre forme di assicurazione che possono essere utili per proteggere il proprio patrimonio, come l'assicurazione sulla responsabilità civile, che copre le spese legali e le richieste di risarcimento danni in caso di incidenti che causano lesioni a terzi o danni alla proprietà. Tuttavia, è importante notare che l'assicurazione può comportare un costo mensile o annuale, e scegliere la giusta copertura può essere un'attività complessa. È consigliabile fare ricerche approfondite per trovare la copertura giusta per le proprie esigenze e il proprio budget, confrontare le opzioni disponibili e valutare attentamente i costi e i benefici di ogni tipo di copertura.

Investire in modo intelligente

Investire in modo intelligente è uno dei pilastri della buona gestione del patrimonio e della protezione delle proprie risorse finanziarie. In sostanza, investire significa allocare i propri soldi in un'attività, un'impresa o un bene che possa generare profitto nel tempo. Tuttavia, investire non significa solo mettere i soldi in un titolo e sperare in un rendimento. Investire in modo intelligente significa avere una strategia di investimento a lungo termine, basata sui propri obiettivi finanziari, la propria tolleranza al rischio e le proprie conoscenze finanziarie. Una buona strategia di investimento può prevedere la diversificazione del portafoglio, la scelta di titoli che abbiano un buon rendimento storico, la riduzione del rischio con l'uso di strumenti finanziari come i fondi comuni d'investimento e la costante monitoraggio delle performance degli investimenti. Inoltre, prima di investire, è importante fare la dovuta diligenza sui titoli o le attività in cui si sta investendo. Ciò può comportare la lettura di report finanziari, l'analisi del mercato, la valutazione dei rischi e delle opportunità di profitto. Inoltre, è importante capire il funzionamento dei prodotti finanziari in cui si sta investendo, come ad esempio i titoli azionari, i fondi comuni d'investimento e i prodotti derivati.

Un altro aspetto importante dell'investimento intelligente è la gestione delle emozioni. Gli investimenti sono spesso soggetti a fluttuazioni di mercato e a periodi di perdita. In questi momenti, è importante evitare di prendere decisioni impulsivi o emozionali che possano danneggiare il proprio portafoglio. Al contrario, è importante mantenere la calma, prendere decisioni informate e, se necessario, ristrutturare la propria strategia di investimento.

Infine, è importante tenere a mente che l'investimento intelligente richiede pazienza e disciplina. Investire in modo intelligente non significa cercare guadagni rapidi o facili, ma piuttosto avere una visione a lungo termine e un'attitudine prudente verso il rischio. Inoltre, è importante essere costanti e disciplinati nella propria strategia di investimento, evitando di cadere nella trappola dell'investimento impulsivo o del cercare di anticipare il mercato.

Valutare regolarmente gli investimenti

Valutare regolarmente gli investimenti è un passo importante per proteggere il proprio patrimonio e massimizzare i guadagni. Non tutti gli investimenti producono rendimenti positivi e le condizioni del mercato possono cambiare nel tempo, quindi è essenziale valutare regolarmente gli investimenti e apportare eventuali modifiche al portafoglio di investimento per assicurarsi di mantenere una strategia di investimento solida e in linea con i propri obiettivi finanziari.

Una delle prime cose da fare quando si valutano gli investimenti è controllare il rendimento del portafoglio. Questo può essere fatto confrontando il rendimento attuale con quello storico e con quello di un indice di riferimento corrispondente, come il S&P 500 per gli investimenti azionari. Se il rendimento del portafoglio è significativamente inferiore rispetto a questi riferimenti, può essere necessario riconsiderare la propria strategia di investimento o apportare modifiche specifiche al portafoglio. Inoltre, è importante valutare la diversificazione del portafoglio. Investire in un'ampia gamma di attività, come azioni, obbligazioni, fondi comuni di investimento e titoli di Stato, può aiutare a ridurre il rischio complessivo del portafoglio. Tuttavia, se il portafoglio è troppo concentrato in un'unica attività o settore, può aumentare il rischio di perdite significative.

Un altro fattore importante da considerare è la liquidità degli investimenti. Gli investimenti che possono essere facilmente venduti e convertiti in contanti sono generalmente considerati più liquidi e possono essere utili in situazioni di emergenza finanziaria. D'altra parte, gli investimenti illiquidi, come gli immobili, possono richiedere più tempo e sforzo per essere venduti, il che può comportare perdite finanziarie o un'incapacità di soddisfare le esigenze finanziarie immediatamente.

Non dimenticare di valutare le spese relative agli investimenti. Le spese, come le commissioni per il trading e i costi di gestione dei fondi, possono erodere i rendimenti complessivi del portafoglio. Pertanto, è importante valutare attentamente queste spese e cercare di ridurle il più possibile.

Parte 5: Riassunto dei punti chiave

La strada verso una vita finanziariamente sicura e felice

Definire una visione finanziaria

Definire una visione finanziaria è il primo passo fondamentale per creare una vita finanziariamente sicura e felice. La maggior parte delle persone non ha una chiara visione di dove vuole essere finanziariamente e di quali obiettivi finanziari sono necessari per raggiungere quel livello di sicurezza e felicità finanziaria. Senza una visione chiara, si rischia di vagare senza una meta definita, di non sapere dove si sta andando e di non sapere quando si è arrivati.

Per definire una visione finanziaria, è necessario capire le proprie esigenze finanziarie e i propri obiettivi di vita.

- Cosa si vuole ottenere finanziariamente?
- Quali sono i propri obiettivi di vita e come la propria situazione finanziaria può aiutare a raggiungerli?

Ad esempio, si può desiderare di acquistare una casa, di avere un'istruzione superiore, di creare un'impresa o di avere abbastanza risorse finanziarie da poter smettere di lavorare e godersi la vita. Una volta stabilita la visione finanziaria, è necessario definire gli obiettivi finanziari necessari per raggiungerla. Ciò può includere il risparmio per l'acquisto di una casa, il pagamento dei debiti, l'accumulo di risparmi per la pensione o l'investimento in un'attività imprenditoriale. Gli obiettivi finanziari dovrebbero essere specifici, misurabili, realistici e limitati nel tempo per poter essere raggiunti.

Una volta che la visione finanziaria e gli obiettivi finanziari sono stati stabiliti, è importante creare un piano d'azione per raggiungerli. Ciò può includere la definizione di un budget, il monitoraggio delle spese, l'investimento in modo intelligente e l'utilizzo delle strategie finanziarie giuste per proteggere il proprio patrimonio e creare ricchezza.

Creare un piano finanziario

Creare un piano finanziario è un passo essenziale per raggiungere una vita finanziariamente sicura e felice. Un piano finanziario può aiutare a stabilire obiettivi chiari, monitorare le spese e le entrate e prendere decisioni informate sui risparmi e sugli investimenti.

1. Il primo passo per creare un piano finanziario è stabilire un budget. Questo significa analizzare le spese e le entrate mensili e creare un piano di spesa che si adatti alle proprie esigenze finanziarie. Ciò può includere la riduzione delle spese inutili, come abbonamenti che non si utilizzano o pasti fuori casa troppo costosi.
2. Il secondo passo è quello di risparmiare regolarmente. Ciò può significare l'impostazione di un piano di risparmio automatizzato, come un contributo al piano pensionistico o un conto di risparmio ad alto rendimento. Risparmiare regolarmente può aiutare a raggiungere gli obiettivi finanziari a lungo termine, come l'acquisto di una casa o il pagamento dei debiti.
3. Il terzo passo è quello di investire in modo intelligente. Ciò significa scegliere gli investimenti appropriati in base alle proprie esigenze finanziarie e ai propri obiettivi. Ad esempio, se l'obiettivo è quello di avere un reddito a lungo termine, si potrebbe considerare un investimento in fondi comuni di investimento o obbligazioni a lungo termine. Tuttavia, se l'obiettivo è quello di ottenere un reddito a breve termine, si

potrebbe considerare un investimento in azioni con una maggiore volatilità.

4. L'ultimo passo per creare un piano finanziario efficace, è importante fare regolarmente il punto della situazione sui progressi fatti e apportare eventuali modifiche al piano in base alle esigenze finanziarie e agli obiettivi di vita. Un piano finanziario solido può aiutare a ridurre lo stress finanziario, a raggiungere gli obiettivi finanziari e a creare una vita finanziariamente sicura e felice.

Mantenere la disciplina finanziaria

Mantenere la disciplina finanziaria è uno degli aspetti più importanti per raggiungere una vita finanziariamente sicura e felice. A volte, può essere difficile restare disciplinati e rispettare il proprio piano finanziario, specialmente quando ci sono tentazioni o imprevisti che richiedono un uso non programmato dei fondi. Tuttavia, è essenziale mantenere la disciplina finanziaria per evitare di cadere in cattive abitudini finanziarie e per garantire che si stiano compiendo progressi costanti verso gli obiettivi finanziari.

Ci sono molte strategie per mantenere la disciplina finanziaria, tra cui l'utilizzo di un budget, la riduzione delle spese superflue, l'apertura di un conto di risparmio automatico e l'investimento in modo regolare. Utilizzare un budget può aiutare a tenere traccia delle entrate e delle uscite e assicurarsi che ci sia un equilibrio tra le spese e il risparmio. Ridurre le spese superflue può essere difficile, ma è un passo importante per liberare fondi per il risparmio e gli investimenti. Aprire un conto di risparmio automatico può aiutare a mantenere la disciplina finanziaria poiché i fondi vengono prelevati automaticamente dal conto corrente e trasferiti in un conto di risparmio, senza la tentazione di spendere quei fondi altrove. Investire in modo regolare può anche aiutare a mantenere la disciplina finanziaria, poiché si è costretti a risparmiare regolarmente per gli investimenti e si acquisisce la capacità di resistere alla tentazione di utilizzare quei fondi altrove.

Mantenere la disciplina finanziaria richiede anche una buona dose di forza di volontà e autocontrollo. Ci sono molte tentazioni finanziarie, come acquisti impulsivi o investimenti rischiosi, che possono mettere a repentaglio la disciplina finanziaria. Per questo motivo, può essere utile cercare il supporto di amici e familiari per aiutare a mantenere la disciplina finanziaria e resistere alla tentazione di prendere decisioni finanziarie impulsiva.

Assumere la responsabilità finanziaria

Assumere la responsabilità finanziaria è un passo importante per raggiungere una vita finanziariamente sicura e felice. Ciò significa comprendere che le proprie scelte finanziarie hanno delle conseguenze e che si deve assumere la responsabilità di queste conseguenze. Non si può aspettare che qualcun altro risolva i problemi finanziari o fornisca la sicurezza finanziaria.

Ci si deve prendere cura del proprio denaro e gestirlo in modo responsabile. Ciò significa adottare una mentalità attenta ai dettagli, tenere traccia delle entrate e delle uscite, evitare l'indebitamento eccessivo e risparmiare per il futuro. Inoltre, assumere la responsabilità finanziaria significa anche essere aperti ad imparare nuove competenze finanziarie. Ciò significa essere disposti a leggere libri, frequentare corsi o ricevere consigli finanziari da esperti.

Assumere la responsabilità finanziaria è anche un modo per liberarsi dallo stress finanziario. Quando si assume la responsabilità delle proprie finanze, si riducono le preoccupazioni e le ansie legate ai soldi. Inoltre, si diventa più sicuri di sé e più capaci di prendere decisioni finanziarie lungimiranti. Assumere la responsabilità finanziaria è anche un modo per raggiungere una maggiore libertà finanziaria. Quando si è responsabili delle proprie finanze, si è in grado di raggiungere i propri obiettivi finanziari e di vivere la vita desiderata senza dipendere da altre persone o da circostanze esterne.

Gestire il rischio finanziario

Gestire il rischio finanziario è un passo importante per raggiungere una vita finanziariamente sicura e felice. I rischi finanziari possono derivare da molte fonti, come gli investimenti, le spese impreviste, le perdite di reddito e così via. Una gestione efficace del rischio finanziario può contribuire a proteggere il proprio patrimonio e a prevenire gravi conseguenze finanziarie.

Ecco le principali strategie:

1. Assicurazione. Le assicurazioni, come l'assicurazione sulla casa, l'assicurazione sanitaria e l'assicurazione sulla vita, possono proteggere il proprio patrimonio contro eventi imprevisti e costosi come incendi, incidenti automobilistici, malattie e morte. Tuttavia, è importante scegliere le assicurazioni giuste e adeguatamente coprenti, senza sottoscrivere inutili polizze assicurative che possono aumentare i costi.
2. Investimenti. Gli investimenti offrono un'opportunità di guadagno finanziario, ma anche di perdita. Per minimizzare il rischio di perdite finanziarie, è importante fare la dovuta diligenza sui titoli in cui si investe, selezionare investimenti diversificati e con un equilibrio tra rischio e rendimento e valutare regolarmente gli investimenti per apportare eventuali modifiche.
3. Pianificazione finanziaria. Una buona pianificazione finanziaria prevede l'implementazione di un piano finanziario solido, l'adeguamento dei risparmi per le spese impreviste, la creazione di un fondo di emergenza e l'implementazione di misure di riduzione delle spese per affrontare eventuali periodi di difficoltà finanziarie.

Evitare le trappole finanziarie

Evitare le trappole finanziarie è una parte fondamentale per la creazione di una vita finanziaria sicura e felice. Ciò significa essere consapevoli delle truffe finanziarie e delle offerte di investimento troppo buone per essere vere. La conoscenza delle truffe e dei loro meccanismi di base è un elemento essenziale per prevenire le trappole finanziarie. Ci sono molte trappole finanziarie tra cui scegliere, come le offerte di investimento a rendimento elevato, i programmi piramidali e le frodi sulle carte di credito. Spesso queste trappole finanziarie sono presentate in modo accattivante e attraente, ma si riveleranno disastrose per il patrimonio finanziario di una persona.

Pianificare per il futuro

Pianificare per il futuro è un elemento cruciale per una vita finanziariamente sicura e felice. Ciò significa avere una visione a lungo termine della propria situazione finanziaria e lavorare per raggiungere gli obiettivi a lungo termine.

Cerca l'aiuto di un professionista

A volte, la pianificazione finanziaria può sembrare troppo complessa. In questo caso, potrebbe essere utile cercare l'aiuto di un professionista finanziario qualificato. Un consulente finanziario può aiutare a creare un piano finanziario personalizzato in grado di soddisfare le esigenze finanziarie individuali.

Mantenere un monitoraggio costante

Mantenere un monitoraggio costante delle proprie finanze è importante per mantenere un'impostazione finanziaria responsabile nel tempo. Ciò significa tenere traccia delle spese e delle entrate, verificare regolarmente il bilancio e fare eventuali aggiustamenti necessari.

Aggiornare il proprio piano finanziario

Aggiornare il proprio piano finanziario è importante per mantenere un'impostazione finanziaria responsabile nel tempo. Ciò significa aggiornare il budget, i risparmi e gli investimenti in base ai cambiamenti della situazione finanziaria personale e agli obiettivi di vita.

Avere una mentalità a lungo termine

Avere una mentalità a lungo termine è importante per mantenere un'impostazione finanziaria responsabile nel tempo. Ciò significa pianificare per il futuro e considerare gli obiettivi finanziari a lungo termine, come la pensione e la sicurezza finanziaria a lungo termine.

Evitare le tentazioni

Evitare le tentazioni è importante per mantenere un'impostazione finanziaria responsabile nel tempo. Ciò significa evitare gli acquisti impulsivi, rispettare il budget e mantenere una disciplina finanziaria. Se sei un tipo abituato alle spese incontrollate avrai bisogno di almeno un mese di tempo e di buone abitudini per perdere quelle vecchie e malsane che ti conducono ad avere sempre scarsa disponibilità economica.

Continuare a imparare

Continuare a imparare è importante per mantenere un'impostazione finanziaria responsabile nel tempo. Ciò significa continuare ad informarsi sulle tendenze del mercato, le nuove opportunità di investimento e le strategie di gestione del rischio. Investire su sé stessi non è mai un errore.

Affidarsi a un consulente finanziario

L'avrò scritto e riscritto 100 volte! Ma è bene comprendere che l'improvvisazione non è una buona idea in questo settore, non è un'opzione. Affidarsi a un consulente finanziario può aiutare a mantenere un'impostazione finanziaria responsabile nel tempo. Un consulente finanziario può fornire assistenza professionale e consigli personalizzati in base alle esigenze finanziarie individuali.

Parte 6: Imprenditoria e istruzione finanziaria

Importanza dell'istruzione finanziaria per gli imprenditori

L'istruzione finanziaria è un elemento fondamentale per gli imprenditori. Avviare e gestire un'attività imprenditoriale richiede una grande passione e creatività ma anche la capacità di comprendere e gestire aspetti finanziari complessi. Ciò significa che gli imprenditori devono avere una conoscenza solida e pratica di questioni finanziarie come la gestione del denaro, la contabilità, la pianificazione fiscale, la valutazione dei rischi, la gestione delle finanze personali e aziendali e l'investimento.

L'istruzione finanziaria è importante per gli imprenditori in diversi modi.

- In primo luogo, aiuta gli imprenditori a prendere decisioni finanziarie più informate. In una società in cui le informazioni finanziarie sono sempre più complesse, l'istruzione finanziaria fornisce gli strumenti necessari per comprendere e utilizzare queste informazioni in modo efficace. Ciò significa che gli imprenditori possono prendere decisioni finanziarie più informate, come investire in modo più intelligente, pianificare la crescita aziendale e gestire il denaro in modo più efficiente.
- In secondo luogo, l'istruzione finanziaria aiuta gli imprenditori a evitare problemi finanziari. Avviare e gestire un'attività imprenditoriale comporta sempre dei rischi finanziari. Tuttavia, una buona conoscenza delle finanze può aiutare gli imprenditori a identificare e gestire questi rischi in modo efficace. Ciò significa che gli imprenditori possono evitare problemi finanziari come il sovraindebitamento, la mancanza di liquidità e l'incapacità di pagare i propri debiti.
- In terzo luogo, l'istruzione finanziaria aiuta gli imprenditori a pianificare per il futuro. Gli imprenditori devono essere in

grado di pianificare non solo per il successo a breve termine della loro attività, ma anche per il loro futuro finanziario a lungo termine. Ciò significa che devono avere una conoscenza solida e pratica delle questioni finanziarie che riguardano la pianificazione della pensione, la creazione di un fondo di emergenza e la gestione degli investimenti.

- In quarto luogo, l'istruzione finanziaria aiuta gli imprenditori a comunicare in modo più efficace con i loro partner commerciali e finanziari. L'industria degli affari è caratterizzata da una vasta gamma di termini e concetti finanziari complessi che possono essere difficili da capire per le persone senza una solida conoscenza finanziaria. Gli imprenditori che possiedono una conoscenza solida e pratica delle questioni finanziarie possono comunicare in modo più efficace con i loro partner commerciali e finanziari, costruire relazioni più solide e prevenire eventuali malintesi.

Pianificazione finanziaria per l'avvio dell'attività imprenditoriale

La pianificazione finanziaria è un passaggio importante per l'avvio di un'attività imprenditoriale di successo. Ciò significa che è importante valutare i costi in anticipo e pianificare il budget per garantire che l'attività abbia abbastanza fondi per operare e crescere.

La valutazione dei costi deve comprendere tutte le spese necessarie per avviare l'attività, come ad esempio la costruzione o l'acquisto di un edificio, l'acquisto di attrezzature e macchinari, l'acquisizione di materie prime e la retribuzione dei dipendenti. È importante stimare accuratamente queste spese per evitare sorprese inaspettate che potrebbero causare problemi finanziari. Una volta che i costi sono stati valutati, è importante creare un budget realistico per l'attività. Questo budget dovrebbe includere tutte le spese di funzionamento dell'attività, come il costo delle utenze, il salario dei dipendenti e le spese di marketing. Inoltre, il budget dovrebbe includere una stima delle entrate dell'attività, che dovrebbe essere realistica e basata su ricerche di mercato e analisi del settore.

Dopo aver valutato i costi e creato un budget realistico, è importante scegliere le fonti di finanziamento appropriate per l'attività. Ci sono diverse opzioni disponibili, come ad esempio prestiti bancari, finanziamenti privati o investimenti di venture capital. È importante valutare attentamente tutte le opzioni disponibili e scegliere quella che meglio si adatta alle esigenze dell'attività. Inoltre, gli imprenditori dovrebbero anche considerare l'importanza dell'istruzione finanziaria per la gestione e il successo dell'attività. Le competenze finanziarie sono essenziali per comprendere i flussi di cassa dell'attività, per mantenere i libri contabili e per prendere decisioni finanziarie intelligenti. Gli imprenditori dovrebbero quindi investire nel proprio sviluppo finanziario, leggendo libri sulle finanze e frequentando corsi di formazione per migliorare le proprie competenze finanziarie.

Gestione finanziaria dell'attività imprenditoriale

La gestione finanziaria efficace è fondamentale per il successo di un'attività imprenditoriale. Gli imprenditori devono essere in grado di comprendere e gestire il flusso di cassa, ridurre i costi, e investire i profitti in modo strategico per garantire la crescita a lungo termine dell'azienda.

1. La gestione del flusso di cassa è un aspetto cruciale della gestione finanziaria dell'attività imprenditoriale. Gli imprenditori devono essere in grado di monitorare attentamente le entrate e le uscite di denaro per garantire che la società disponga sempre di abbastanza liquidità per coprire le spese correnti e pianificare per il futuro. Una gestione del flusso di cassa accurata può aiutare gli imprenditori a prevenire

situazioni di insufficienza di fondi e di conseguenza, impedire eventuali problemi finanziari futuri.

2. La riduzione dei costi è un altro aspetto importante della gestione finanziaria. Gli imprenditori devono valutare attentamente le spese correnti dell'azienda e cercare di identificare le aree in cui si può tagliare il budget senza compromettere la qualità dei prodotti e dei servizi. Ciò può comportare la riduzione dei costi operativi, l'utilizzo di fornitori più economici e la riduzione dei costi di produzione. Una gestione finanziaria attenta può aiutare gli imprenditori a migliorare la redditività dell'azienda e aumentare la competitività sul mercato.
3. L'investimento dei profitti per la crescita dell'attività è un altro aspetto importante della gestione finanziaria. Gli imprenditori devono essere in grado di utilizzare i profitti dell'azienda in modo strategico per finanziare la crescita e lo sviluppo dell'attività. Ciò può comportare l'investimento in nuovi prodotti o servizi, l'espansione in nuovi mercati e l'acquisizione di nuovi clienti. Una gestione finanziaria attenta può aiutare gli imprenditori a massimizzare il valore dell'azienda e garantire la crescita a lungo termine dell'attività.

Per gestire efficacemente la parte finanziaria dell'attività imprenditoriale, è importante acquisire competenze finanziarie solide. Gli imprenditori devono avere una conoscenza approfondita della contabilità, della finanza e delle strategie di investimento. Ci sono molte risorse disponibili per aiutare gli imprenditori a sviluppare queste competenze, come libri, corsi di formazione e consulenti finanziari. Gli imprenditori possono fare affidamento su software di gestione finanziaria e contabile per semplificare le attività di monitoraggio del flusso di cassa e delle spese. Ci sono molte opzioni disponibili sul mercato, con funzionalità specifiche per ogni tipo di azienda.

Aspetti fiscali dell'attività imprenditoriale

Gli aspetti fiscali sono un elemento fondamentale per l'attività imprenditoriale. In primo luogo, è importante conoscere le tasse applicabili alle attività imprenditoriali, che possono variare a seconda del tipo di attività e della giurisdizione in cui l'azienda opera. Ad esempio, in molti paesi ci sono tasse sul reddito delle imprese, tasse sul valore aggiunto (IVA) e tasse sulle proprietà.

È importante anche sapere quali documenti fiscali sono necessari per l'attività imprenditoriale. Ad esempio, potrebbe essere necessario emettere fatture o ricevute per le transazioni commerciali. Inoltre, potrebbe essere richiesto di tenere un registro delle entrate e delle uscite, noto anche come libro contabile. Questi documenti sono importanti per la dichiarazione dei redditi e per dimostrare la legittimità delle transazioni commerciali.

Organizzare i propri documenti contabili è un altro aspetto importante della gestione fiscale dell'attività imprenditoriale. Ciò significa mantenere una documentazione accurata di tutte le transazioni finanziarie dell'azienda, che possono includere ricevute, fatture, registri contabili e documenti fiscali. È importante tenere questi documenti in ordine e facilmente accessibili, in modo da poterli recuperare rapidamente in caso di necessità. Oltre a questi aspetti fondamentali, ci sono altre considerazioni fiscali che gli imprenditori dovrebbero prendere in considerazione. Ad esempio, potrebbe essere opportuno stabilire una struttura legale per l'attività, come una società a responsabilità limitata (SRL), in modo da proteggere i propri beni personali in caso di problemi legali dell'azienda. Inoltre, gli imprenditori dovrebbero essere a conoscenza di eventuali incentivi fiscali disponibili per le imprese nella loro giurisdizione, come crediti d'imposta per la ricerca e lo sviluppo o per la creazione di posti di lavoro.

Per gestire gli aspetti fiscali dell'attività imprenditoriale in modo efficace, è importante avere un buon contatto con un commercialista o un avvocato fiscale esperto. Questi professionisti possono fornire consigli preziosi sulla pianificazione fiscale, sull'organizzazione dei documenti contabili e sulla gestione dei problemi fiscali che potrebbero insorgere.

Investimenti imprenditoriali

Gli investimenti imprenditoriali sono un aspetto cruciale della gestione finanziaria dell'attività imprenditoriale. Gli investimenti possono aiutare a finanziare l'attività e a far crescere l'impresa in modo sostenibile. Tuttavia, scegliere l'opzione di investimento giusta per l'attività può essere una sfida.

Ci sono diversi tipi di investimenti imprenditoriali tra cui scegliere, tra cui azioni, obbligazioni e investimenti immobiliari. Ognuno di questi tipi di investimento ha i suoi vantaggi e svantaggi e la scelta dipende dalle esigenze specifiche dell'attività.

- Le azioni sono un'opzione di investimento comune per le imprese in fase di avvio e in crescita. Acquistare azioni significa diventare proprietario di una piccola parte dell'attività e avere diritto a una parte dei profitti e delle perdite dell'impresa. Le azioni possono essere acquistate da investitori esterni attraverso un'offerta pubblica iniziale (IPO) o da investitori interni come dipendenti e fondatori dell'attività. Tuttavia, le azioni possono essere rischiose poiché il valore delle azioni dipende dalle prestazioni dell'attività, che possono fluttuare.
- Le obbligazioni sono un'opzione di investimento meno rischiosa rispetto alle azioni. Le obbligazioni rappresentano un prestito all'attività e garantiscono un tasso di interesse fisso. Le obbligazioni possono essere acquistate da investitori esterni o da banche e istituti finanziari. Tuttavia, le obbligazioni possono

essere meno redditizie rispetto alle azioni e possono limitare la flessibilità finanziaria dell'attività.

- Gli investimenti immobiliari sono un'opzione di investimento popolare per le attività che vogliono acquisire proprietà o immobili per le proprie operazioni. Gli investimenti immobiliari possono essere un'opzione a lungo termine per le imprese che vogliono espandersi o creare flussi di reddito passivi attraverso l'affitto di proprietà. Tuttavia, gli investimenti immobiliari richiedono un investimento iniziale significativo e possono essere rischiosi se i valori immobiliari fluttuano.

La scelta dell'opzione di investimento giusta per l'attività dipende dalle esigenze specifiche dell'attività e dalle sue capacità finanziarie. È importante considerare le prestazioni passate dell'attività, le sue esigenze di finanziamento e le sue prospettive di crescita per determinare la migliore opzione di investimento. Inoltre, è importante valutare i rischi e i benefici di ogni opzione di investimento e fare una scelta informata.

Analisi del rischio imprenditoriale

Quando si avvia un'attività imprenditoriale, è fondamentale comprendere i rischi finanziari associati e trovare modi per minimizzarli. L'analisi del rischio imprenditoriale aiuta gli imprenditori ad identificare le possibili fonti di rischio e a sviluppare un piano per affrontarle in modo efficace.

Il primo passo per l'analisi del rischio imprenditoriale è identificare le possibili fonti di rischio. Questi possono includere rischi finanziari, come la mancanza di liquidità o la riduzione delle vendite, rischi operativi, come la perdita di fornitori chiave o la rottura delle attrezzature, e rischi di mercato, come la concorrenza o l'instabilità economica. Gli imprenditori devono anche considerare i rischi legali, come le azioni legali o le multe.

Una volta identificati i rischi, gli imprenditori devono sviluppare un piano per gestirli. Questo può includere la creazione di un fondo di emergenza per affrontare eventuali difficoltà finanziarie, l'assicurazione contro i rischi operativi o legali e la diversificazione del portafoglio di investimenti per ridurre il rischio di mercato. Inoltre, gli imprenditori dovrebbero anche considerare l'implementazione di controlli interni per prevenire frodi e furti da parte dei dipendenti.

L'analisi del rischio imprenditoriale deve essere un processo continuo. Gli imprenditori dovrebbero regolarmente riesaminare i loro piani di gestione del rischio per assicurarsi che siano aggiornati e che affrontino le nuove sfide. Inoltre, gli imprenditori dovrebbero essere pronti a prendere decisioni rapide ed efficaci in caso di emergenze, come la perdita di un cliente importante o una crisi finanziaria.

Consulenza finanziaria per gli imprenditori

La consulenza finanziaria può essere di grande aiuto per gli imprenditori, specialmente se non hanno esperienza o conoscenze in materia di finanza. Un consulente finanziario può aiutare gli imprenditori a capire come gestire il loro denaro in modo efficace e a creare un piano finanziario solido per l'attività.

Ci sono diverse opzioni di consulenza finanziaria disponibili per gli imprenditori, come i consulenti finanziari indipendenti, i consulenti finanziari interni e i servizi di consulenza finanziaria online. È importante scegliere il tipo di consulenza finanziaria giusto per l'attività, tenendo conto del budget, delle esigenze e delle aspettative.

Un consulente finanziario può aiutare gli imprenditori a migliorare le loro competenze finanziarie in diversi modi. Ad esempio, possono fornire consigli su come gestire il flusso di cassa dell'attività, su come ridurre i costi, su come investire i profitti per la crescita dell'attività e su come proteggere l'attività dalle perdite finanziarie. Possono anche aiutare gli imprenditori a comprendere i diversi tipi di investimenti, come azioni, obbligazioni e investimenti immobiliari, e a scegliere l'opzione migliore per l'attività. Inoltre, un consulente finanziario può aiutare gli imprenditori a capire le tasse applicabili alle attività imprenditoriali, i documenti fiscali necessari e come organizzare i propri documenti contabili. Questo può aiutare gli imprenditori a rispettare le leggi fiscali e a evitare eventuali problemi legali o finanziari. Lavorare con un consulente finanziario può anche aiutare gli imprenditori a sviluppare una maggiore consapevolezza delle proprie finanze e a prendere decisioni finanziarie più informate per l'attività. Un consulente finanziario può anche fornire una visione esterna e obiettiva dell'attività e delle sue finanze, il che può essere utile per prendere decisioni importanti.

In generale, la consulenza finanziaria può essere un'opzione preziosa per gli imprenditori che desiderano migliorare le loro competenze finanziarie e proteggere il loro patrimonio imprenditoriale. Tuttavia, è importante scegliere un consulente finanziario affidabile e professionale, che abbia una buona reputazione e che possa fornire un servizio personalizzato per le esigenze specifiche dell'attività.

Conclusione

L'istruzione finanziaria è un aspetto cruciale della vita di tutti, ma spesso viene trascurata o ignorata. Una maggiore conoscenza finanziaria può aiutare le persone a prendere decisioni più informate e raggiungere i loro obiettivi finanziari. Nella società odierna, dove la stabilità finanziaria è diventata ancora più importante, l'istruzione finanziaria è diventata un'abilità necessaria per il successo.

Riprendendo i punti chiave del libro sull'istruzione finanziaria, abbiamo visto come una pianificazione finanziaria adeguata, l'assunzione di responsabilità finanziaria, la gestione del rischio, l'evitare le trappole finanziarie, la pianificazione per il futuro e l'educazione finanziaria degli imprenditori sono tutti fattori critici per il successo finanziario.

La pianificazione finanziaria adeguata è essenziale per raggiungere gli obiettivi finanziari e stabilire una base solida per il futuro. Ciò significa creare un budget, monitorare le spese, risparmiare per le emergenze e per il futuro e investire in modo intelligente per garantire una crescita finanziaria sostenibile.

Assumere la responsabilità finanziaria è un altro aspetto importante dell'istruzione finanziaria. Ciò significa prendere decisioni finanziarie informate e assumersi la responsabilità delle conseguenze di tali decisioni. La gestione del rischio è altrettanto importante, poiché può aiutare a proteggere il patrimonio e minimizzare le perdite finanziarie.

L'evitare le trappole finanziarie è un altro aspetto critico dell'istruzione finanziaria. Ciò significa riconoscere le truffe finanziarie e le offerte di investimento troppo buone per essere vere e fare la dovuta diligenza per proteggere il proprio patrimonio.

La pianificazione per il futuro è importante per una vita finanziariamente sicura e felice. Ciò significa pianificare per la pensione, creare un fondo di emergenza e pianificare per gli obiettivi finanziari a lungo termine.

L'educazione finanziaria degli imprenditori è un aspetto cruciale per il successo imprenditoriale. Ciò significa comprendere la pianificazione finanziaria per l'avvio dell'attività imprenditoriale, la gestione finanziaria dell'attività imprenditoriale, gli aspetti fiscali dell'attività imprenditoriale, gli investimenti imprenditoriali e l'analisi del rischio imprenditoriale.

Per migliorare la propria situazione finanziaria, ci sono alcune cose che tutti possono fare. In primo luogo, è importante creare un budget e monitorare le spese per evitare di spendere più di quanto si guadagna. In secondo luogo, è importante ridurre le spese superflue e risparmiare per gli obiettivi a lungo termine, come la pensione e l'acquisto di una casa. Infine, è importante investire in modo intelligente per garantire una crescita finanziaria sostenibile nel tempo.

Infine, è importante sottolineare l'importanza della gestione del rischio nelle decisioni finanziarie. Ricorda sempre che l'improvvisazione non è un optional. Qui non giochi solo con I tuoi soldi ma metti in gioco il tuo future e molte azioni possono portare a conseguenze irreversibili. Per questo ti invito nuovamente a consultare un esparto per qualsiasi idea tu abbia in mente.

Spero che questo libro, nato con lo scopo di fornire le basi finanziarie, possa aver soddisfatto le tue curiosità e ti possa aver fornito le informazioni di cui avevi bisogno.

Manuale di Istruzione Finanziaria

Il presente libro è stato pubblicato esclusivamente per fornire informazioni accurate e ragionevoli su argomenti specifici. L'autore e l'editore hanno fatto ogni ragionevole sforzo per garantire l'accuratezza delle informazioni presenti nel testo, tuttavia, non sono responsabili in alcun modo per qualsiasi argomento trattato nel libro. Si avvisa che qualsiasi consiglio o tecnica discussi all'interno del libro dovrebbero essere considerati solo a scopo informativo, e non come un consiglio di investimento.

Si consiglia ai lettori di consultare sempre un professionista prima di intraprendere qualsiasi decisione finanziaria basata sul contenuto del libro. Si avvisa che la riproduzione, la trasmissione e la duplicazione di qualsiasi contenuto presente nel libro, in forma fisica, digitale o audio, senza il consenso esplicito dell'autore, sono considerate atti illegali. Si precisa inoltre che l'accuratezza e la veridicità delle informazioni presenti nel libro sono limitate al momento della pubblicazione e non possono essere garantite a lungo termine.

L'autore e l'editore non sono responsabili per eventuali danni o difficoltà che possono derivare dall'utilizzo delle informazioni presenti nel libro. Eventuali citazioni di marchi o personaggi famosi sono a scopo informativo e didattico e non costituiscono un'approvazione da parte del titolare del marchio o del personaggio stesso.

In conclusione, si avvisa che il presente libro non deve essere considerato come una guida definitiva per le decisioni finanziarie e si consiglia di consultare sempre un professionista per una consulenza finanziaria adeguata.

www.ingramcontent.com/pod-product-compliance
Lightning Source LLC
LaVergne TN
LVHW051023051026
849532LV00004BA/1340
* 9 7 9 8 2 1 5 2 2 5 0 6 6 *